DE LA DEUDA A LA RIQUEZA

ALDO LAURAMZ

DE LA DEUDA A LA RIQUEZA

La guía definitiva para lograr la independencia financiera

ISBN: 978-0-9996024-8-5

De la deuda a la riqueza
“La guía definitiva para lograr la independencia financiera"

AVISO LEGAL

Términos y condiciones de uso

El uso de este libro y de su contenido está sujeto a los siguientes términos y condiciones:

1. El contenido de este libro es solo para fines informativos y educativos y no debe considerarse como asesoramiento financiero, legal o de otra índole.
2. El autor y los editores no asumen ninguna responsabilidad por cualquier pérdida o daño que pueda surgir del uso de este libro.
3. Este libro está protegido por derechos de autor y su reproducción, total o parcial, está prohibida sin el permiso expreso y por escrito del autor y los editores.
4. Las opiniones expresadas en este libro son las del autor y no necesariamente representan las opiniones de los editores o cualquier otra organización con la que estén afiliados.
5. Los enlaces a sitios web de terceros pueden proporcionarse en este libro para su conveniencia. El autor y los editores no controlan y no son responsables del contenido de estos sitios web ni de cualquier otro aspecto de su uso.

6. Este libro se proporciona "tal cual" sin garantía de ninguna clase, ya sea expresa o implícita, incluyendo, entre otras, garantías de comerciabilidad o aptitud para un propósito particular.

CONTENIDO

PARTE IV
ESTABLECER OBJETIVOS FINANCIEROS

PARTE VI
HISTORIAS INSPIRADORAS DE SUPERACIÓN ECONÓMICA

Cada capítulo proporcionará información y herramientas prácticas, así como ejemplos e historias reales que ayudarán a los lectores a aplicar los consejos en su propia vida financiera.

INTRODUCCIÓN

La economía puede ser una fuente de estrés y ansiedad para muchas personas, especialmente cuando se enfrentan a una crisis financiera. Ya sea que estés luchando para pagar tus deudas, encontrar un trabajo o iniciar un negocio, o simplemente administrar tu dinero de manera efectiva, puede ser difícil saber por dónde empezar.

Pero no te preocupes, no estás solo. En "De la deuda a la riqueza", encontrarás consejos prácticos, herramientas y estrategias para superar tus desafíos financieros y construir una vida financiera sólida y exitosa.

A través de este libro, aprenderás cómo salir de deudas, administrar tu dinero de manera efectiva, encontrar empleo o iniciar un negocio exitoso, establecer objetivos financieros realistas y alcanzables, y más. Además, te inspirarás con historias reales de personas que han superado sus crisis financieras y han logrado alcanzar el éxito.

Pero este libro no es solo una guía práctica, también es una invitación a cambiar tu mentalidad y a desarrollar una actitud positiva y proactiva hacia tus finanzas. Descubrirás cómo enfrentar tus miedos, superar tus limitaciones y perseguir tus sueños financieros con confianza y determinación.

Este libro no tiene la intención de ofrecer soluciones rápidas y fáciles, sino de proporcionarte las herramientas y la motivación que necesitas para construir una vida financiera próspera y sostenible. Así que, si estás listo para dar el primer paso hacia la libertad financiera, ¡comencemos juntos este viaje!

A lo largo de este libro, te proporcionaré herramientas prácticas y consejos valiosos para ayudarte a salir de deudas, administrar tu dinero de manera efectiva, encontrar empleo o iniciar un negocio exitoso, establecer objetivos financieros realistas y alcanzables, y mucho más. A través de esta guía, descubrirás cómo desarrollar una actitud positiva y proactiva hacia tus finanzas y cómo aprender de tus errores y fracasos.

Además, encontrarás historias reales de personas que han superado sus propios desafíos financieros y han logrado alcanzar el éxito. Aprenderás de su experiencia y motivación, y encontrarás aliento y guía para enfrentar tus propios desafíos financieros.

Recuerda que construir una vida financiera saludable y próspera no sucede de la noche a la mañana, sino que requiere tiempo, esfuerzo y compromiso. Pero no estás solo en este camino. Este libro está aquí para guiarte, apoyarte y motivarte en cada paso del camino.

Así que, si estás listo para tomar el control de tus finanzas y construir un futuro financiero sólido y exitoso, ¡sigue leyendo!

PREFACIO

La economía puede ser una fuente de estrés y ansiedad para muchas personas, especialmente cuando se enfrentan a una crisis financiera. Sin embargo, no es necesario dejar que las deudas y los problemas financieros te abrumen. Con el conocimiento y las herramientas adecuadas, puedes superar las dificultades económicas y tomar el control de tu situación financiera.

Este libro está diseñado para ayudarte a hacer precisamente eso. A través de sus páginas, encontrarás consejos prácticos, herramientas y estrategias para salir de deudas, administrar tu dinero de manera efectiva, encontrar empleo o iniciar un negocio exitoso, establecer objetivos financieros realistas y alcanzables, y más.

Además, este libro no solo te proporcionará información y herramientas, también te inspirará a través de historias reales de personas que han superado sus crisis económicas y han logrado alcanzar el éxito financiero. Aprenderás de su experiencia y motivación, y encontrarás aliento y guía para enfrentar tus propios desafíos financieros.

Recuerda que la construcción de una vida financiera saludable y próspera no sucede de la noche a la mañana, sino que requiere tiempo, esfuerzo y compromiso. Pero no estás solo en este camino. Este libro está aquí para guiarte, apoyarte y motivarte en cada paso del camino.

Así que, sin más preámbulos, te invito a sumergirte en estas páginas y comenzar a construir un futuro financiero más sólido y exitoso para ti y tu familia.

Parte 1
Cómo salir de deudas

1

¿POR QUÉ ES IMPORTANTE SALIR DE DEUDAS?

Salir de deudas es importante por varias razones:

1. Libertad financiera: Las deudas pueden limitar tu capacidad de gasto y reducir tu libertad financiera. Al estar libre de deudas, tendrás más control sobre tu dinero y podrás gastarlo en lo que desees sin preocuparte por los pagos mensuales.
2. Menos estrés: Las deudas pueden ser una gran fuente de estrés y ansiedad. Al salir de deudas, podrás reducir esta carga emocional y mejorar tu bienestar general.
3. Ahorro de dinero: Al estar libre de deudas, podrás ahorrar más dinero a largo plazo, ya que no tendrás que pagar intereses y cargos adicionales.
4. Mejor puntaje crediticio: Al salir de deudas y pagar tus facturas a tiempo, mejorarás tu puntaje crediticio y te harás más atractivo para los prestamistas y proveedores de crédito en el futuro.

En resumen, salir de deudas es importante porque te permite tener más libertad financiera, reducir el estrés y la ansiedad, ahorrar más dinero a largo plazo y mejorar tu puntaje crediticio.

2

IDENTIFICACIÓN DE LAS DEUDAS PRIORITARIAS

Identificar las deudas prioritarias: Es importante hacer una lista de todas las deudas y priorizarlas según su importancia y urgencia. Se pueden considerar las deudas con una tasa de interés alta o aquellas que se están acumulando rápidamente como prioridad.

Aquí te presento un ejemplo de un formato para priorizar tus deudas y llevar el control de pago:

Deuda	Saldo actual	Tasa de interés	Pago mínimo	Fecha de vencimiento	Prioridad
Tarjeta de crédito 1	$5,000	18%	$150	15 de cada mes	Alta
Préstamo personal	$8,000	12%	$200	30 de cada mes	Media
Tarjeta de crédito 2	$3,000	22%	$100	5 de cada mes	Alta
Préstamo de auto	$12,000	8%	$300	20 de cada mes	Baja

En este formato, las deudas se organizan en una tabla con columnas que incluyen el saldo actual, la tasa de interés, el pago mínimo, la fecha de vencimiento y la prioridad.

La columna de prioridad se utiliza para clasificar las deudas en alta, media y baja prioridad. Las deudas con tasas de interés más altas, como las tarjetas de crédito, se clasifican como de alta prioridad, mientras que las deudas con tasas de interés más bajas se clasifican como de baja prioridad.

Para llevar el control de pago, es importante registrar los pagos realizados en la tabla, actualizando el saldo actual y la fecha de vencimiento de cada deuda. Esto te permitirá llevar un seguimiento de tus pagos y saber cuánto te queda por pagar en cada deuda.

Recuerda que este es solo un ejemplo de formato, puedes adaptarlo y personalizarlo según tus necesidades. Lo importante es llevar un registro de tus deudas y pagos para priorizar tus deudas y evitar caer en situaciones de impago.

Establecer un plan de pago: Una vez que se hayan priorizado las deudas, se puede establecer un plan de pago que se adapte a la situación financiera. Esto puede incluir pagos mínimos mensuales o pagos acelerados para reducir la deuda más rápidamente.

Si las deudas son demasiado grandes y no se pueden pagar de manera efectiva, se puede considerar buscar ayuda profesional a través de un asesor financiero o una organización de asesoramiento de crédito.

3

NEGOCIACIÓN CON LOS ACREEDORES

- Identificar la situación financiera actual: Antes de negociar con los acreedores, es importante tener una comprensión clara de la situación financiera actual y de la capacidad de pago.

- Establecer prioridades: Al negociar con los acreedores, es importante establecer prioridades y enfocarse en las deudas que son más urgentes o tienen consecuencias más graves.

- Contactar a los acreedores: Es importante contactar a los acreedores lo antes posible para discutir las opciones de pago y negociar un plan de pago.

- Ser honesto y transparente: Al negociar con los acreedores, es importante ser honesto y transparente sobre la situación financiera y la capacidad de pago.

- Ofrecer un plan de pago realista: Es importante presentar un plan de pago realista que sea asequible y sostenible a largo plazo.

- Explorar opciones de consolidación de deudas: En algunos casos, consolidar las deudas en un solo pago puede ser una opción para reducir la carga de la deuda y hacer más fácil el pago.

- Considerar la ayuda de asesoría financiera profesional: Si se siente abrumado o no está seguro de cómo negociar con los acreedores, puede ser útil buscar asesoría financiera profesional.

- Hacer un seguimiento regular: Una vez que se ha establecido un plan de pago, es importante hacer un seguimiento regular con los acreedores para asegurarse de que se está cumpliendo con el plan y hacer ajustes si es necesario.

Al negociar con los acreedores, se pueden buscar acuerdos de pago que incluyan reducciones de intereses o la eliminación de cargos por pagos atrasados. Es importante ser honesto sobre la situación financiera y mantener una comunicación abierta y respetuosa con los acreedores.

Aquí te presento un modelo de carta para negociar con los acreedores:

[Tu nombre y dirección] [Fecha]

[Nombre del acreedor] [Dirección del acreedor]

Estimado/a [nombre del acreedor],

Me dirijo a usted con relación a la deuda que tengo con su compañía. Quiero expresarle mi deseo de trabajar juntos para encontrar una solución que nos beneficie a ambos.

Entiendo que estoy en mora con mis pagos y reconozco mi responsabilidad en esta situación. Sin embargo, debido a [explica la razón de la dificultad financiera, como la pérdida de empleo, la enfermedad, etc.], me ha sido difícil cumplir con mis obligaciones financieras.

En este momento, estoy trabajando en una solución para ponerme al día con mis pagos. Me gustaría explorar la posibilidad de establecer un plan de pago que me permita hacer pagos asequibles y mantener mi cuenta al día. También estoy dispuesto/a a considerar otras opciones que puedan ser viables para ambas partes.

Agradecería si pudiéramos discutir esta situación juntos y encontrar una solución. Siéntase libre de comunicarse conmigo para discutir cualquier propuesta que pueda tener.

Gracias por su atención y consideración en este asunto.

Atentamente, [Tu nombre]

Recuerda que esta carta es solo un ejemplo y debe ser personalizada según tu situación y las necesidades de tu negociación. Asegúrate de ser honesto/a y presentar una propuesta realista y justa para ambas partes.

Evitar nuevas deudas: Una vez que se haya reducido la deuda, es importante mantener una actitud responsable y no caer en las mismas trampas financieras. Esto puede incluir el establecimiento de hábitos saludables de gasto y ahorro, la creación de un fondo de emergencia y la planificación cuidadosa de las compras a crédito.

Aquí te presento un ejemplo de un formato para crear un fondo de emergencia:

Concepto	Monto
Gastos mensuales	$2,500
Fondo de emergencia (3 meses de gastos mensuales)	$7,500
Total	$10,000

En este formato, se establecen los gastos mensuales y se calcula el monto necesario para crear un fondo de emergencia equivalente a tres meses de gastos mensuales. Esto significa que si tus gastos mensuales son de $2,500, tu fondo de emergencia debería ser de al menos $7,500.

Es importante establecer metas realistas y alcanzables para crear un fondo de emergencia. Puedes establecer un plazo para ahorrar el monto necesario o establecer una cantidad fija para ahorrar cada mes. Por ejemplo, si deseas ahorrar $7,500 en un plazo de 6 meses, tendrías que ahorrar alrededor de $1,250 al mes.

Recuerda que este es solo un ejemplo de formato, puedes adaptarlo y personalizarlo según tus necesidades y metas financieras. Lo importante es establecer un fondo de emergencia que te ayude a estar preparado/a para cualquier imprevisto financiero y te permita manejar situaciones de emergencia sin tener que recurrir a préstamos o tarjetas de crédito.

Analizar y entender cómo se generó la deuda:

Identificar las causas subyacentes de la deuda (gastos innecesarios, falta de ingresos, etc.) puede ayudar a crear hábitos financieros más saludables a largo plazo.

Establecer un plan de pago enfocado en la tasa de interés: Es recomendable establecer un plan de pago que enfoque la mayor cantidad de recursos financieros posibles en la deuda con la tasa de interés más alta. Esto ayudará a reducir la cantidad total de intereses pagados y acelerará el proceso de pago.

Hacer sacrificios en el corto plazo: A veces, es posible que sea necesario hacer sacrificios en el corto plazo, como reducir los gastos de entretenimiento o renunciar a ciertas comodidades, para lograr reducir la deuda en el largo plazo.

Buscar la asesoría de un experto financiero: Es beneficioso buscar la asesoría de un experto financiero para crear un plan de pago que se adapte a la situación financiera personal. Un asesor financiero también puede ayudar a identificar oportunidades para consolidar deudas o renegociar tasas de interés.

4

ESTABLECIMIENTO DE UN PLAN DE PAGO

- Evaluar la situación financiera: Antes de establecer un plan de pago, es importante evaluar la situación financiera actual, incluyendo el monto total de la deuda y los ingresos disponibles.

- Priorizar las deudas: Es importante priorizar las deudas y enfocarse en aquellas con mayores tasas de interés o cargos por mora.

- Crear un presupuesto detallado: Crear un presupuesto detallado puede ayudar a identificar áreas en las que se pueden reducir gastos y aumentar ingresos para destinar más fondos al pago de deudas.

- Establecer objetivos financieros: Establecer objetivos financieros realistas y alcanzables puede ayudar a mantener el enfoque y la motivación al pagar las deudas.

- Establecer un plan de pago: Una vez que se han identificado las deudas prioritarias y se ha creado un presupuesto detallado, se puede establecer un plan de pago. Esto puede incluir determinar el monto de los pagos mensuales, la fecha de vencimiento y los métodos de pago.

- Considerar la consolidación de deudas: En algunos casos, consolidar las deudas en un solo pago puede ser una opción para reducir la carga de la deuda y hacer más fácil el pago.

- Hacer seguimiento regular: Es importante hacer un seguimiento regular con los acreedores para asegurarse de que se está cumpliendo con el plan de pago y hacer ajustes si es necesario.

- Celebrar los logros: Al establecer un plan de pago y hacer pagos regulares, es importante celebrar los logros y mantener una actitud positiva hacia la situación financiera.

Te presento un ejemplo de un formato para plan de pago:

Deuda	Saldo actual	Pago mínimo	Monto acordado para el plan de pago	Fecha de inicio del plan de pago	Fecha de finalización del plan de pago	Monto pagado hasta el momento
Tarjeta de crédito 1	$5,000	$150	$3,000	1 de junio de 2022	1 de junio de 2024	$1,500
Préstamo personal	$8,000	$200	$5,000	1 de agosto de 2022	1 de agosto de 2025	$2,000
Total	$13,000		$8,000			$3,500

En este formato, se establecen las deudas que se incluyen en el plan de pago, junto con el saldo actual, el pago mínimo y el monto acordado para el plan de pago.

También se incluyen las fechas de inicio y finalización del plan de pago, así como el monto pagado hasta el momento. Es importante registrar los pagos realizados para llevar un seguimiento de tu progreso y asegurarte de cumplir con el plan de pago.

Recuerda que este es solo un ejemplo de formato, puedes adaptarlo y personalizarlo según tus necesidades. Lo importante es establecer un plan de pago realista y cumplir con él para reducir tu deuda y mejorar tu situación financiera.

5

EVITAR NUEVAS DEUDAS

1. Evaluar los hábitos de gastos: Es importante evaluar los hábitos de gastos y ser consciente de los gastos innecesarios que pueden llevar a nuevas deudas.
2. Crear un presupuesto detallado: Crear un presupuesto detallado puede ayudar a identificar áreas en las que se pueden reducir gastos y aumentar ingresos para evitar nuevas deudas.
3. Establecer prioridades financieras: Establecer prioridades financieras claras y enfocarse en alcanzar objetivos financieros a largo plazo puede ayudar a evitar gastos innecesarios y nuevas deudas.
4. Evitar los gastos impulsivos: Evitar los gastos impulsivos y tomar tiempo para evaluar las compras importantes puede ayudar a evitar nuevas deudas.
5. Evitar los créditos rápidos y las tarjetas de crédito con tasas de interés altas: Evitar los créditos rápidos y las tarjetas de crédito con tasas de interés altas puede reducir la tentación de incurrir en nuevas deudas.
6. Establecer un fondo de emergencia: Establecer un fondo de emergencia puede ayudar a cubrir gastos imprevistos sin tener que recurrir a nuevas deudas.
7. Considerar opciones de ingresos adicionales: Considerar opciones para generar ingresos adicionales, como trabajos

adicionales o ventas en línea, puede ayudar a evitar nuevas deudas.

8. Obtener asesoramiento financiero: Si se siente abrumado o no está seguro de cómo evitar nuevas deudas, puede ser útil buscar asesoramiento financiero profesional.

6

MONITOREO REGULAR DEL PROGRESO Y DEL PUNTAJE DE CRÉDITO

Para monitorear regularmente tu progreso y puntaje de crédito, puedes seguir los siguientes pasos:

1. Solicita un informe de crédito gratuito: Puedes solicitar un informe de crédito gratuito de las agencias de crédito una vez al año. Es importante revisar tu informe de crédito para asegurarte de que no haya errores o fraudes que puedan afectar tu puntaje crediticio.
2. Suscríbete a un servicio de monitoreo de crédito: Existen servicios de monitoreo de crédito que te permiten revisar regularmente tu puntaje crediticio y recibir alertas en caso de cambios significativos en tu informe de crédito.
3. Utiliza aplicaciones de seguimiento de gastos: Las aplicaciones de seguimiento de gastos te permiten monitorear tus gastos y asegurarte de que estás siguiendo tu presupuesto.
4. Revisa tus estados de cuenta mensuales: Es importante revisar tus estados de cuenta mensuales para asegurarte de que no hay cargos incorrectos o inesperados.
5. Actualiza tu información personal y financiera: Si hay cambios en tu información personal o financiera, como un cambio de dirección o un aumento de sueldo, es

importante actualizar esta información en tu reporte de crédito y con tus prestamistas.

Al monitorear regularmente tu progreso y tu puntaje crediticio, puedes detectar problemas rápidamente y tomar medidas para solucionarlos. Esto te permitirá mantener una buena salud financiera y trabajar hacia tus metas financieras a largo plazo.

Parte II

Administración efectiva del dinero

7

ESTABLECIMIENTO DE UN PRESUPUESTO REALISTA

Establecer un presupuesto es una parte importante de cualquier plan financiero. Aquí te presento algunos pasos que puedes seguir para establecer un presupuesto:

1. Calcule sus ingresos: Identifique todos sus ingresos mensuales, incluyendo salarios, ingresos de negocios, intereses, dividendos y cualquier otro ingreso que tenga.
2. Registre sus gastos: Determine sus gastos mensuales, incluyendo gastos fijos como alquiler, servicios públicos, pagos de préstamos y gastos variables como alimentos, entretenimiento y compras.
3. Identifique áreas de reducción de gastos: Busque maneras de reducir sus gastos. Esto podría incluir limitar las compras impulsivas, comer en casa en lugar de comer fuera, cancelar suscripciones que no usa, etc.
4. Asigne un monto para ahorros: Asigne una cantidad mensual para ahorros. Esto puede incluir un fondo de emergencia, ahorros para la jubilación y cualquier otra meta financiera a largo plazo.
5. Priorice sus gastos: Identifique sus gastos más importantes y asegúrese de que se cubran primero, como el alquiler, servicios públicos y pagos de préstamos. Luego, asigne el resto de su presupuesto a otros gastos.

6. Use herramientas para ayudar a mantenerse en el presupuesto: Hay muchas herramientas que pueden ayudarle a mantenerse en el presupuesto, como aplicaciones de presupuesto, hojas de cálculo, entre otras. Utilice estas herramientas para hacer un seguimiento de sus gastos y asegurarse de que está cumpliendo con su presupuesto.

Recuerda que un presupuesto es una herramienta importante para ayudarte a controlar tus gastos y alcanzar tus objetivos financieros. Asegúrate de revisar y ajustar tu presupuesto regularmente para asegurarte de que está funcionando para ti.

Ejemplo de Formato de Presupuesto Mensual:

Ingresos:

- Salario: $3,500
- Ingresos de negocios: $500
- Intereses: $50
- Total de ingresos: $4,050

Gastos:

- Vivienda: $1,000 (alquiler, servicios públicos, internet)
- Transporte: $300 (gasolina, mantenimiento del vehículo, seguro)
- Comida: $400 (supermercado, comidas fuera de casa)
- Entretenimiento: $200 (cine, conciertos, actividades recreativas)
- Ropa: $100
- Salud y cuidado personal: $150 (gastos médicos, productos de cuidado personal)

- Pago de préstamos: $500 (préstamo estudiantil, préstamo para automóvil)
- Ahorros: $350
- Total de gastos: $3,000

Balance:

- Ingresos totales: $4,050
- Gastos totales: $3,000
- Saldo: $1,050

En este ejemplo, el ingreso mensual total es de $4,050 y los gastos mensuales totales son de $3,000, lo que deja un saldo de $1,050 para ahorros u otros gastos. Recuerda que este es solo un ejemplo y que cada presupuesto debe ser personalizado según las necesidades y objetivos de cada persona.

8

AHORRO PARA EMERGENCIAS

Como ahorrar para emergencias:

1. Identifique sus gastos esenciales: Determine cuáles son los gastos esenciales que debe cubrir en caso de emergencia, como la renta, los servicios públicos, los gastos médicos y los pagos de préstamos.
2. Determine su objetivo de ahorro: Determine cuánto dinero necesita ahorrar para cubrir esos gastos esenciales. Los expertos recomiendan ahorrar al menos 3 a 6 meses de gastos esenciales.
3. Establezca un plazo de tiempo: Establezca un plazo de tiempo para alcanzar su objetivo de ahorro. Si bien ahorrar esa cantidad puede parecer intimidante, establecer un plazo realista puede ayudarlo a mantenerse enfocado y motivado.
4. Establezca un presupuesto: Establezca un presupuesto para asegurarse de que está ahorrando regularmente y para identificar áreas donde pueda reducir gastos para contribuir a su fondo de emergencia.
5. Automatice sus ahorros: Configure una transferencia automática de su cuenta corriente a su cuenta de ahorros cada mes para que el ahorro sea una tarea automática y no se te olvide.

6. Busque opciones de inversión seguras: Considere opciones de inversión seguras, como cuentas de ahorro de alta rentabilidad, cuentas del mercado monetario o certificados de depósito (CD), para que su dinero esté seguro y gane intereses mientras ahorra.

Recuerda que tener un fondo de emergencia puede ayudarte a estar preparado en caso de una emergencia financiera. Asegúrate de revisar y ajustar tu plan de ahorro regularmente para asegurarte de que estás alcanzando tu objetivo de ahorro y estás preparado para cualquier situación de emergencia que pueda surgir.

Ejemplo de Formato para Ahorrar para Emergencias:

1. Identifique sus gastos esenciales:

- Alquiler: $1,000
- Servicios públicos: $200
- Gastos médicos: $100
- Pagos de préstamos: $300
- Total de gastos esenciales: $1,600

2. Determine su objetivo de ahorro:

- Ahorrar 6 meses de gastos esenciales
- Total objetivo de ahorro: $9,600

3. Establezca un plazo de tiempo:

- Plazo: 12 meses
- Ahorro mensual requerido: $800

4. Establezca un presupuesto:

- Ingreso mensual: $3,500
- Gastos mensuales totales: $2,500

- Presupuesto disponible para ahorros: $1,000

5. Automatice sus ahorros:

- Establezca una transferencia automática de $800 a una cuenta de ahorros cada mes.

6. Busque opciones de inversión seguras:

- Abra una cuenta de ahorros de alta rentabilidad o considere invertir en un certificado de depósito (CD) a corto plazo.

En este ejemplo, la persona identifica sus gastos esenciales y determina que necesita ahorrar $9,600 para cubrir seis meses de esos gastos. Establece un plazo de 12 meses para alcanzar su objetivo de ahorro y establece un presupuesto que le permite ahorrar $1,000 cada mes. Luego, automatiza sus ahorros y busca opciones de inversión seguras.

Este formato puede ser personalizado según las necesidades y objetivos de cada persona.

9

INVERSIÓN PARA EL FUTURO

Aquí te presento algunos pasos que puedes seguir para invertir para el futuro:

1. Establecer objetivos financieros: Establecer objetivos financieros claros y realistas puede ayudarte a definir tus metas de inversión y crear un plan sólido.
2. Conoce tu perfil de inversión: Antes de comenzar a invertir, es importante conocer tu perfil de inversión, que incluye tu tolerancia al riesgo, horizonte de inversión y objetivos financieros. Esto te ayudará a elegir la estrategia de inversión adecuada.
3. Diversifica tu cartera: Una forma de minimizar los riesgos de inversión es diversificar tu cartera. Esto significa invertir en diferentes tipos de activos, como acciones, bonos y bienes raíces.
4. Investigar y analizar: Antes de realizar cualquier inversión, es importante investigar y analizar las opciones de inversión disponibles para tomar decisiones informadas y prudentes.
5. Consulta a un profesional: Si no tienes experiencia en inversión, considera consultar a un profesional financiero para que te asesore y te ayude a tomar decisiones inteligentes sobre tus inversiones.

6. Mantén tus objetivos a largo plazo en mente: Invertir es un proceso a largo plazo, por lo que es importante mantener tus objetivos a largo plazo en mente y ser paciente mientras esperas que tus inversiones maduren.

Recuerda que invertir puede ser una forma efectiva de hacer crecer tu patrimonio y asegurar tu futuro financiero, pero siempre es importante hacerlo con precaución y con un plan sólido en mente.

Hay varias opciones de inversión disponibles para aquellos que buscan invertir para el futuro. Algunas opciones populares incluyen:

1. Acciones: Las acciones son una forma de inversión en la que compras una parte de propiedad de una empresa. Si la empresa tiene éxito, el valor de tus acciones puede aumentar y puedes obtener ganancias a través de dividendos.
2. Bonos: Los bonos son una forma de inversión en la que prestas dinero a una entidad, como un gobierno o una empresa, a cambio de intereses. Los bonos suelen considerarse una inversión más segura que las acciones.
3. Fondos mutuos: Los fondos mutuos son una forma de inversión que combina el dinero de varios inversores para comprar una cartera diversificada de acciones, bonos y otros valores.
4. Bienes raíces: Invertir en bienes raíces implica comprar propiedades para alquilar o vender en el futuro. Los bienes raíces pueden ser una inversión sólida a largo plazo, pero requieren una cantidad significativa de capital inicial.
5. Ahorros para la jubilación: Los planes de ahorro para la jubilación, como los planes 401(k) y los planes IRA, son una

forma popular de invertir para el futuro y asegurarse de tener ingresos estables durante la jubilación.

Recuerda que antes de invertir, es importante investigar y analizar tus opciones de inversión y conocer tu perfil de inversión para tomar decisiones informadas y prudentes.

10

EVITAR GASTOS INNECESARIOS

Para evitar gastos innecesarios, puedes seguir estos consejos:

1. Haz un presupuesto: Es importante tener un presupuesto para saber exactamente cuánto dinero estás gastando en cada categoría, como vivienda, comida, transporte, entre otros. De esta forma, puedes identificar los gastos innecesarios y hacer ajustes para reducirlos.
2. Compra solo lo que necesitas: Antes de realizar una compra, piensa si realmente necesitas el artículo o si es solo un capricho. Puedes establecer una lista de compras y apegarte a ella para evitar comprar cosas innecesarias.
3. Compara precios: Antes de realizar una compra, compara precios en diferentes tiendas o en línea para encontrar la mejor oferta. Esto puede ayudarte a ahorrar dinero en tus compras.
4. Evita las compras impulsivas: Las compras impulsivas pueden llevarte a gastar dinero en cosas que no necesitas. Intenta resistir la tentación y piensa si realmente necesitas el artículo antes de comprarlo.
5. Usa cupones y ofertas: Usa cupones y ofertas para ahorrar dinero en tus compras. Puedes encontrar cupones en línea o en el periódico, o aprovechar ofertas especiales en tiendas y restaurantes.

6. Cancela suscripciones innecesarias: Revisa tus suscripciones mensuales, como servicios de streaming, revistas o membresías de gimnasios, y cancela las que no estás utilizando o que no son esenciales.
7. Planifica tus compras: Planifica tus compras con anticipación para aprovechar las mejores ofertas y evitar las compras impulsivas. Puedes establecer un presupuesto para tus compras navideñas, por ejemplo, y comprar los regalos con anticipación.

Recuerda que evitar los gastos innecesarios es una parte importante del manejo responsable de tus finanzas y puede ayudarte a ahorrar dinero a largo plazo.

Vende todo lo que tengas en el storage puede ser una opción para obtener un poco de dinero adicional y liberar espacio en tu hogar o simplemente reducir un gasto innecesario el pago de un servicio de almacenaje (Storage)

Aquí hay algunos pasos que puedes seguir para vender los artículos en tu almacenamiento:

- Revisa tus artículos: Haz un inventario de los artículos en tu almacenamiento y decide cuáles deseas vender. Asegúrate de que los artículos estén en buenas condiciones y sean lo suficientemente valiosos para vender.

- Establece un precio justo: Investiga los precios de mercado de los artículos similares para determinar un precio justo para tus artículos. Considera la condición, la edad y la marca de los artículos al establecer el precio.

- Elije una plataforma de venta: Hay muchas opciones disponibles para vender tus artículos, como eBay, Amazon, Facebook Marketplace, MercadoLibre, entre otros. Elige la plataforma que mejor se adapte a tus necesidades y que tenga un público adecuado para tus artículos.

- Toma fotos de los artículos: Toma fotografías de alta calidad de los artículos que deseas vender. Asegúrate de que las fotos muestren los detalles importantes y de que estén bien iluminadas.

- Crea una descripción detallada: Crea una descripción detallada de los artículos que estás vendiendo. Incluye detalles como la marca, el modelo, la condición y cualquier otra información relevante.

- Publica tus artículos para la venta: Publica tus artículos en la plataforma que hayas elegido para la venta. Asegúrate de incluir todas las fotos y la descripción detallada que has creado.

- Gestiona las ventas: Una vez que tus artículos estén publicados, gestiona las ventas y comunícate con los compradores para acordar los detalles de la venta, como el envío o la recogida.

- Recuerda que vender los artículos en tu almacenamiento puede ser una buena opción para obtener un poco de dinero adicional, pero también es importante considerar si los artículos tienen un valor sentimental para ti antes de venderlos.

11

MANEJO DE LAS TARJETAS DE CRÉDITO DE MANERA RESPONSABLE

Manejar tus tarjetas de crédito de manera responsable es fundamental para mantener una buena salud financiera y evitar problemas de deudas. A continuación, te proporciono algunos consejos para manejar tus tarjetas de crédito de manera responsable:

1. Conoce tus límites: Asegúrate de conocer el límite de crédito de tu tarjeta y no excederlo. Si excedes tu límite, podrías enfrentarte a cargos por excedente y dañar tu puntaje crediticio.
2. Paga a tiempo: Es importante hacer tus pagos mensuales a tiempo para evitar cargos por retraso y proteger tu puntaje crediticio. Considera configurar pagos automáticos o establecer recordatorios para asegurarte de que no se te olvide hacer tus pagos a tiempo.
3. Mantén un bajo saldo: Trata de mantener el saldo de tu tarjeta de crédito lo más bajo posible. Si llevas un alto saldo, podrías enfrentarte a cargos por intereses altos y dañar tu puntaje crediticio.
4. Sé selectivo con tus compras: No uses tus tarjetas de crédito para compras innecesarias o lujos que no puedas permitirte. Trata de usarlas sólo para gastos esenciales y mantenerte dentro de tu presupuesto.

5. Revisa tus estados de cuenta: Revisa tus estados de cuenta mensuales para asegurarte de que no hay cargos incorrectos o inesperados.
6. No pidas prestado más de lo que puedes pagar: Asegúrate de que puedes pagar el dinero que estás pidiendo prestado. No pidas prestado más de lo que puedes pagar, ya que podrías enfrentarte a problemas de deudas.

En resumen, para manejar tus tarjetas de crédito de manera responsable, es importante conocer tus límites, pagar a tiempo, mantener un bajo saldo, ser selectivo con tus compras, revisar tus estados de cuenta y no pedir prestado más de lo que puedes pagar.

Parte III
Encontrar empleo o iniciar un negocio

12

IDENTIFICACIÓN DE HABILIDADES Y FORTALEZAS PERSONALES

Identificar habilidades y fortalezas personales: Identificar las habilidades y fortalezas personales es fundamental para encontrar un empleo adecuado o iniciar un negocio exitoso. Esto te permitirá enfocarte en trabajos o oportunidades de negocio que se adapten a tus habilidades y fortalezas.

1. Buscar oportunidades laborales: Identificar oportunidades laborales en línea, a través de las redes de contactos o mediante la búsqueda en páginas de trabajo en internet. Es importante investigar las empresas y los trabajos antes de aplicar, para asegurarse de que se adapten a tus habilidades y metas personales.
2. Establecer un plan de negocios: Si deseas iniciar un negocio, es fundamental establecer un plan de negocios sólido. Esto incluye investigar el mercado, definir los objetivos del negocio, identificar los recursos necesarios y establecer una estrategia de marketing.
3. Conseguir financiamiento: Si necesitas financiamiento para iniciar un negocio, investiga las opciones de financiamiento disponibles. Puedes buscar financiamiento a través de bancos, inversores o préstamos en línea. También es importante establecer un plan financiero sólido

que incluya el presupuesto del negocio y los gastos operativos.

4. Crear una marca personal: Crear una marca personal sólida puede ayudarte a encontrar empleo o atraer clientes para tu negocio. Esto incluye establecer una presencia en línea, crear un currículum atractivo o un sitio web profesional, y construir una red de contactos.
5. Desarrollar habilidades y conocimientos: Para tener éxito en el mercado laboral o empresarial, es importante seguir desarrollando habilidades y conocimientos relevantes. Esto puede incluir la formación profesional, la asistencia a eventos y conferencias, la lectura de libros y artículos especializados, o la búsqueda de mentores.
6. Ser persistente y proactivo: Encontrar empleo o iniciar un negocio exitoso puede ser un proceso difícil y frustrante. Es importante ser persistente, proactivo y mantener una actitud positiva durante todo el proceso.

Cómo identificar habilidades y fortalezas personales:

1. Hacer una autoevaluación: Es importante hacer una autoevaluación para identificar tus habilidades y fortalezas personales. Considera tus habilidades técnicas y tus habilidades interpersonales.
2. Pedir retroalimentación: Pedir retroalimentación a amigos, familiares o colegas puede ayudarte a identificar habilidades y fortalezas que no habías notado.
3. Tomar una prueba de personalidad: Tomar una prueba de personalidad puede ayudarte a identificar tus fortalezas y debilidades y comprender cómo te relacionas con los demás.

4. Identificar tus intereses: Identificar tus intereses y pasatiempos puede ayudarte a descubrir habilidades y fortalezas que no sabías que tenías.
5. Analizar tus logros: Analizar tus logros pasados puede ayudarte a identificar habilidades y fortalezas que utilizaste para lograrlos.
6. Observar las fortalezas de los demás: Observar las fortalezas de las personas exitosas que admiras puede ayudarte a identificar habilidades y fortalezas que te gustaría desarrollar.
7. Buscar oportunidades para desarrollar habilidades: Buscar oportunidades para desarrollar habilidades puede ayudarte a descubrir habilidades y fortalezas que no sabías que tenías.
8. Practicar y mejorar tus habilidades: Practicar y mejorar tus habilidades puede ayudarte a identificar habilidades y fortalezas que no habías notado antes.

Formato para Identificar Habilidades Personales

1. Habilidades técnicas:

- Conocimiento de software especializado
- Habilidad para trabajar con herramientas manuales
- Habilidad para programar en cierto lenguaje de programación

2. Habilidades interpersonales:

- Habilidad para escuchar y comunicarse efectivamente
- Habilidad para trabajar en equipo
- Habilidad para liderar y motivar a otros

3. Habilidades creativas:

- Habilidad para crear contenido visual
- Habilidad para escribir textos persuasivos
- Habilidad para generar nuevas ideas

4. Habilidades de resolución de problemas:

- Habilidad para analizar datos y tomar decisiones informadas
- Habilidad para resolver problemas complejos de manera efectiva
- Habilidad para identificar patrones y tendencias

5. Habilidades de organización:

- Habilidad para planificar y coordinar proyectos
- Habilidad para establecer prioridades y administrar el tiempo de manera efectiva
- Habilidad para mantener un ambiente de trabajo organizado y ordenado

Recuerda que esta es solo una muestra y que puedes personalizarlo para incluir tus habilidades y fortalezas personales específicas. El objetivo es que puedas identificar tus habilidades y fortalezas para utilizarlas en el logro de tus metas personales y profesionales.

Formato de Autoevaluación

1. Habilidades técnicas:

- ¿Qué habilidades técnicas poseo en mi área de trabajo?
- ¿Qué habilidades técnicas necesito mejorar?
- ¿Cómo puedo mejorar mis habilidades técnicas?

2. Habilidades interpersonales:

- ¿Cómo me relaciono con mis colegas y compañeros de trabajo?
- ¿Cómo manejo conflictos y situaciones difíciles?
- ¿Cómo puedo mejorar mi habilidad para comunicarme efectivamente?

3. Habilidades creativas:

- ¿Cómo utilizo mi creatividad en mi trabajo diario?
- ¿Cómo puedo utilizar mi creatividad de manera más efectiva?
- ¿Cómo puedo fomentar un ambiente de trabajo más creativo?

4. Habilidades de resolución de problemas:

- ¿Cómo manejo situaciones problemáticas en mi trabajo?
- ¿Cómo puedo mejorar mi habilidad para analizar y resolver problemas de manera efectiva?
- ¿Cómo puedo aprender a tomar decisiones informadas en mi trabajo?

5. Habilidades de organización:

- ¿Cómo manejo mi tiempo y establezco prioridades?
- ¿Cómo puedo mejorar mi habilidad para planificar y coordinar proyectos?
- ¿Cómo puedo mantener un ambiente de trabajo organizado y ordenado?

Recuerda que este formato es solo un ejemplo y que puedes personalizarlo para incluir las habilidades y fortalezas personales que son importantes para tu trabajo y tus objetivos personales. El objetivo es que puedas evaluar tus habilidades de manera objetiva para identificar áreas de mejora y establecer planes de acción para alcanzar tus metas.

13

BÚSQUEDA DE OPORTUNIDADES LABORALES

Cómo buscar oportunidades laborales:

1. Identificar tus habilidades y fortalezas: Identificar tus habilidades y fortalezas te ayudará a enfocar tu búsqueda de trabajo en los roles que mejor se adapten a tus habilidades.
2. Actualizar tu currículum: Asegúrate de que tu currículum esté actualizado y enfocado en tus habilidades y experiencia laboral relevantes.
3. Crear un perfil en línea: Crear un perfil en LinkedIn y en otras redes profesionales en línea puede ayudarte a conectarte con empleadores y hacer que tu perfil sea más visible.
4. Buscar ofertas de trabajo en línea: Buscar ofertas de trabajo en línea en sitios web de empleo y en el sitio web de la empresa en la que te gustaría trabajar.
5. Asistir a ferias de empleo: Asistir a ferias de empleo es una buena manera de conocer a empleadores y buscar oportunidades de trabajo.
6. Solicitar referencias: Solicitar referencias de amigos, familiares o antiguos colegas puede ayudarte a encontrar oportunidades de trabajo y conectarte con empleadores.

7. Contactar directamente a empleadores: Contactar directamente a los empleadores que te interesan puede ayudarte a obtener información sobre posibles oportunidades de trabajo.
8. Trabajar con una agencia de empleo: Trabajar con una agencia de empleo puede ayudarte a encontrar oportunidades de trabajo que de otra manera podrían pasar desapercibidas.

Aquí te dejo un ejemplo de un formato de currículum vitae:

Nombre completo Dirección Teléfono Correo electrónico

Resumen: Aquí es donde debes hacer una breve presentación de ti mismo y tus habilidades profesionales. Puedes incluir información como tu título profesional, años de experiencia, habilidades clave y logros destacados.

Experiencia laboral:

1. Título del puesto / Nombre de la empresa / Ubicación / Fechas de empleo

- Descripción de las responsabilidades y logros principales en el trabajo.

2. Título del puesto / Nombre de la empresa / Ubicación / Fechas de empleo

- Descripción de las responsabilidades y logros principales en el trabajo.

Educación:

1. Título académico / Institución / Fecha de graduación

- Descripción de cursos relevantes y logros académicos.

2. Título académico / Institución / Fecha de graduación

- Descripción de cursos relevantes y logros académicos.

Habilidades y conocimientos:

- Lista de habilidades relevantes y conocimientos técnicos.

Referencias:

- Lista de contactos profesionales que pueden proporcionar referencias.

Recuerda que tu currículum debe ser fácil de leer y estar organizado de manera lógica. Utiliza viñetas y negritas para resaltar los puntos importantes. Además, asegúrate de que tu información de contacto esté actualizada y sea fácil de encontrar.

Aquí te dejo algunos sitios web de agencias de empleo que pueden ser útiles:

1. Indeed: es uno de los sitios web de búsqueda de empleo más populares. Ofrece una amplia variedad de empleos en diferentes industrias y ubicaciones.
2. LinkedIn: es una red social profesional que también tiene una sección de empleos. Los usuarios pueden buscar y aplicar a trabajos directamente en la plataforma.
3. Glassdoor: además de ofrecer listados de empleos, también proporciona información sobre la empresa y opiniones de empleados anteriores.
4. Monster: es otro sitio web de búsqueda de empleo popular que ofrece una amplia variedad de trabajos en diferentes industrias.

5. ZipRecruiter: utiliza un algoritmo de búsqueda para conectar a los solicitantes de empleo con los trabajos que mejor se adaptan a sus habilidades y experiencia.
6. CareerBuilder: ofrece una amplia variedad de trabajos en diferentes industrias y también proporciona herramientas para mejorar el currículum y la búsqueda de empleo.

Recuerda que también es importante buscar en sitios web de empresas y organizaciones específicas, y hacer uso de las redes sociales para conectarse con profesionales y empleadores en tu campo de interés.

14

ESTABLECIMIENTO DE UN PLAN DE NEGOCIOS

1. Identificar la idea de negocio: Identificar la idea de negocio es el primer paso en la elaboración de un plan de negocios. Asegúrate de tener una comprensión clara de lo que quieres lograr con tu negocio.
2. Investigar el mercado: Investigar el mercado es esencial para determinar si hay una necesidad para tu producto o servicio y para comprender a tus clientes potenciales.
3. Definir tu público objetivo: Definir tu público objetivo te ayudará a enfocar tus esfuerzos de marketing y a desarrollar estrategias específicas para atraer y retener a tus clientes.
4. Analizar la competencia: Analizar la competencia puede ayudarte a identificar fortalezas y debilidades en tu idea de negocio y a desarrollar estrategias para destacar en el mercado.
5. Desarrollar una estrategia de marketing: Desarrollar una estrategia de marketing es esencial para atraer y retener clientes. Asegúrate de tener una estrategia sólida y bien pensada.
6. Establecer un plan financiero: Establecer un plan financiero te ayudará a determinar la viabilidad de tu idea de negocio

y a establecer un presupuesto para la puesta en marcha y el crecimiento de tu negocio.

7. Crear un plan de operaciones: Crear un plan de operaciones te ayudará a definir cómo operará tu negocio y a desarrollar procesos eficientes para la producción, el servicio al cliente y la gestión de los empleados.
8. Establecer un plan de contingencia: Establecer un plan de contingencia te ayudará a estar preparado para cualquier situación imprevista que pueda afectar a tu negocio.

Ejemplo de un plan de negocios sencillo, que incluye los elementos básicos que mencioné anteriormente:

- Resumen ejecutivo: En esta sección, se presenta una breve descripción del negocio, sus productos o servicios, los objetivos a largo plazo y los planes para alcanzar esos objetivos.

- Análisis de mercado: En esta sección, se analiza el mercado y se identifican los clientes potenciales, la competencia y las oportunidades de crecimiento.

- Productos y servicios: En esta sección, se describe el producto o servicio que se ofrece, su valor único y cómo se diferencia de la competencia.

- Estrategia de marketing: En esta sección, se describe la estrategia de marketing que se utilizará para llegar a los clientes potenciales, incluyendo los canales de marketing y los planes para promocionar el negocio.

- Plan financiero: En esta sección, se establecen los costos de arranque, los ingresos esperados y el flujo de caja proyectado. También se describe el presupuesto y las fuentes de financiamiento.

- Operaciones y gestión: En esta sección, se describen las operaciones diarias del negocio, cómo se administrará y quiénes serán los responsables de su gestión.

- Plan de contingencia: En esta sección, se describen los planes de contingencia en caso de que ocurra algo imprevisto que pueda afectar el negocio.

Ejemplo de Plan de Negocio.

Plan de negocio para ZapatoLandia:

1. Resumen ejecutivo:

    - ZapatoLandia es una empresa dedicada a la producción y venta de calzado de alta calidad.
    - Ofrecemos una amplia gama de modelos de calzado para hombres y mujeres entre 24 y 60 años.
    - Nuestro objetivo a largo plazo es crecer y desarrollar más de 500 modelos de calzado para satisfacer las necesidades de nuestros clientes.
    - Con más de 20 años de experiencia en cueros de alta calidad y calzado, nuestro equipo está comprometido en ofrecer un calzado de alta calidad y comodidad.
    - Nuestra ventaja competitiva es nuestra combinación de calidad, diseño y precio accesible.
    - El mercado de calzado en nuestra zona es estable y hay un aumento en la demanda de productos de alta calidad.

2. Análisis de mercado:

    - El mercado de calzado en nuestra zona está valorado en X millones de dólares y se espera un crecimiento anual del X% en los próximos 5 años.

- El público objetivo de Zapato Landia son hombres y mujeres entre 24 y 60 años que buscan calidad y comodidad a precios accesibles.
- Los principales competidores en el mercado de calzado son A, B y C, sin embargo, nuestra ventaja competitiva nos permite diferenciarnos de ellos.
- Nuestra estrategia de precios se basa en ofrecer productos de alta calidad a precios accesibles.

3. Productos y servicios:

- Zapato Landia ofrece una amplia gama de modelos de calzado para hombres y mujeres, incluyendo zapatos casuales, formales, deportivos y para eventos especiales.
- Todos nuestros productos están diseñados y fabricados con materiales de alta calidad para garantizar comodidad y durabilidad.

4. Estrategia de marketing:

- Nuestra estrategia de marketing se basa en la publicidad en redes sociales, publicidad en periódicos locales y participación en ferias de calzado locales.
- También ofrecemos descuentos y promociones para incentivar las compras repetidas y la lealtad del cliente.

5. Plan financiero:

- Esperamos generar ingresos anuales de X millones de dólares en el primer año, y un crecimiento del X% en los próximos 5 años.
- Nuestra estructura de costos incluye el costo de materiales, costos de producción, gastos de marketing y gastos generales.

- Esperamos financiar nuestra empresa a través de inversores externos y préstamos.

6. Operaciones y gestión:

   - Zapato Landia cuenta con un equipo de trabajo altamente capacitado y con más de 20 años de experiencia en la producción y venta de calzado.
   - Nuestras operaciones incluyen la producción de calzado, la administración de inventario, la venta en tiendas físicas y en línea, y la atención al cliente.

7. Plan de contingencia:

   - Nuestro plan de contingencia incluye estrategias para hacer frente a la competencia, cambios en las tendencias de la industria y situaciones imprevistas que puedan afectar a nuestro negocio.

Aquí te dejo una posible estrategia de marketing para Zapato Landia:

1. Identificación del público objetivo: El primer paso en la estrategia de marketing es identificar el público objetivo. En el caso de ZapatoLandia, la marca se dirige a personas entre 24 y 60 años que buscan calzado de alta calidad.
2. Posicionamiento: ZapatoLandia debe destacar sus fortalezas únicas en el mercado de calzado, como la calidad de sus productos y la amplia variedad de modelos disponibles. Esto ayudará a la marca a diferenciarse de sus competidores y a atraer a los clientes que buscan estos beneficios.
3. Creación de una presencia en línea: La presencia en línea es fundamental en la estrategia de marketing de cualquier empresa en la actualidad. Zapato Landia debe asegurarse

de tener una página web atractiva y fácil de usar, y también puede considerar la creación de perfiles en redes sociales como Facebook e Instagram para llegar a un público más amplio.

4. Publicidad en medios tradicionales: Aunque la publicidad en medios tradicionales como la televisión y los periódicos ha perdido algo de fuerza en los últimos años, todavía puede ser efectiva para llegar a un público amplio. Zapato Landia puede considerar la posibilidad de colocar anuncios en medios locales o regionales para atraer a clientes potenciales.
5. Marketing de contenidos: La creación de contenido relevante y útil puede ser una forma efectiva de atraer a los clientes a la marca. Zapato Landia puede considerar la creación de un blog en su sitio web con consejos sobre cuidado del calzado, tendencias de moda y otros temas relevantes para su público objetivo.
6. Eventos promocionales: Zapato Landia puede organizar eventos promocionales, como ventas especiales o ferias de calzado, para atraer a clientes y aumentar la conciencia de marca. Estos eventos pueden ser anunciados en la página web y las redes sociales de la marca.
7. Programa de lealtad: La implementación de un programa de lealtad puede ser una forma efectiva de fidelizar a los clientes existentes y atraer a nuevos clientes. Zapato Landia puede considerar ofrecer descuentos exclusivos, ofertas especiales y otros beneficios a los miembros del programa de lealtad.

Recuerda que cualquier estrategia de marketing debe ser adaptada a las necesidades y objetivos específicos de la marca, y debe ser flexible para adaptarse a los cambios en el mercado y las necesidades de los clientes.

Hacer un Estudio de Mercado es muy importante.

Para hacer un estudio de mercado, sigue los siguientes pasos:

1. Define el objetivo del estudio: Antes de comenzar el estudio, debes definir claramente cuál es el objetivo del mismo. ¿Qué quieres saber sobre el mercado? ¿Cuál es el problema o la oportunidad que deseas explorar?
2. Define tu público objetivo: Para llevar a cabo el estudio, debes definir a qué grupo de personas deseas llegar. Esto te permitirá enfocarte en la información relevante y obtener resultados más precisos.
3. Identifica fuentes de información: Es importante que identifiques las fuentes de información que utilizarás para el estudio. Puedes utilizar encuestas, entrevistas, grupos focales, datos de ventas, análisis de la competencia y cualquier otra fuente que consideres relevante.
4. Diseña el cuestionario o guía de entrevista: Si vas a utilizar encuestas o entrevistas para recopilar información, debes diseñar un cuestionario o una guía de entrevista que incluya preguntas específicas relacionadas con el objetivo del estudio.
5. Realiza la recolección de datos: Una vez que hayas definido tus fuentes de información y diseñado tu cuestionario o guía de entrevista, debes proceder a la recolección de datos. Puedes realizar las encuestas o entrevistas personalmente, a través de correo electrónico, teléfono, redes sociales o cualquier otro medio que consideres adecuado.
6. Analiza los datos: Una vez que hayas recopilado los datos, debes analizarlos cuidadosamente para identificar patrones y tendencias relevantes. Puedes utilizar

herramientas como tablas, gráficos y estadísticas para facilitar el análisis.

7. Toma decisiones: Finalmente, debes utilizar la información obtenida para tomar decisiones informadas sobre el mercado y tu producto o servicio. Utiliza la información para identificar oportunidades, resolver problemas y mejorar tu oferta.

Recuerda que un estudio de mercado es un proceso continuo y que debes actualizarlo periódicamente para mantenerlo relevante y actualizado.

Aquí tienes un ejemplo de estudio de mercado para una cafetería nueva en una zona urbana:

Objetivo del estudio: Evaluar la demanda y las preferencias de los consumidores en cuanto a una nueva cafetería en el centro de la ciudad.

Método de recolección de datos: Encuestas en línea y en persona a 300 personas de la zona urbana.

Resultados:

1. Demográficos: El 60% de los encuestados eran mujeres y el 40% eran hombres. El 70% de los encuestados tenían entre 25 y 45 años, el 20% eran mayores de 45 años y el 10% eran menores de 25 años.
2. Frecuencia de consumo de café: El 70% de los encuestados consumían café al menos una vez al día, el 20% lo consumían varias veces por semana y el 10% lo consumían menos de una vez por semana.
3. Preferencias de café: El 60% de los encuestados preferían el café negro, el 30% preferían el café con leche y el 10% preferían otras opciones.

4. Opciones de alimentos: El 80% de los encuestados indicaron que les gustaría tener opciones de alimentos saludables, como ensaladas y sándwiches, mientras que el 20% prefieren opciones más indulgentes, como postres y pasteles.
5. Precio: El 60% de los encuestados indicaron que estarían dispuestos a pagar entre $3 y $5 por una taza de café, mientras que el 40% estarían dispuestos a pagar más de $5.

Conclusiones: Los resultados indican una demanda sólida de una nueva cafetería en el centro de la ciudad, con una fuerte preferencia por el café negro y opciones de alimentos saludables. La mayoría de los encuestados estarían dispuestos a pagar precios razonables por su café, lo que sugiere una oportunidad para establecer una cafetería de calidad con precios competitivos en la zona urbana.

15

CONSEGUIR FINANCIAMIENTO

Como conseguir financiamiento para tu negocio:

1. Préstamos bancarios: Los préstamos bancarios son una de las formas más comunes de financiamiento para los negocios. Puedes acudir a tu banco local y solicitar un préstamo que se adapte a tus necesidades.
2. Inversores externos: Los inversores externos, como los ángeles inversionistas o los fondos de capital de riesgo, pueden proporcionar financiamiento a cambio de una participación en tu negocio. Debes estar preparado para presentar un plan de negocio sólido y convencer a los inversores de que tu negocio tiene el potencial de ser rentable.
3. Crowdfunding: La micro financiación es una forma de financiamiento en la que se recauda dinero a través de una plataforma en línea, generalmente mediante donaciones individuales. Para tener éxito en la micro financiación, es importante tener una campaña de marketing bien diseñada y persuasiva.
4. Microcréditos: Los microcréditos son préstamos pequeños que se conceden a pequeños empresarios y emprendedores que no tienen acceso a la financiación tradicional. Los microcréditos suelen ser otorgados por

organizaciones sin fines de lucro y no requieren una garantía colateral.

5. Programas de financiamiento gubernamentales: En muchos países, existen programas de financiamiento gubernamentales que se destinan a apoyar a pequeñas y medianas empresas.

Solicitar un préstamo bancario puede variar ligeramente de un banco a otro, pero por lo general los pasos que debes seguir son los siguientes:

I: Investiga diferentes opciones de préstamos: Antes de solicitar un préstamo, es importante que investigues diferentes opciones y compares las tasas de interés, plazos y condiciones de cada uno. Esto te permitirá seleccionar el préstamo que mejor se adapte a tus necesidades.

II: Prepara tus documentos: Para solicitar un préstamo, debes tener en orden tu documentación personal y financiera. Por lo general, necesitarás tu identificación oficial, comprobante de domicilio, comprobante de ingresos y estados de cuenta bancarios.

III: Haz una cita con el banco: Una vez que hayas elegido el préstamo que deseas solicitar y tengas toda tu documentación en orden, debes programar una cita con un representante del banco. Puedes hacerlo en línea o por teléfono.

IV: Presenta tu solicitud: Durante la cita con el representante del banco, deberás presentar tu solicitud de préstamo y proporcionar la documentación requerida. El representante del banco revisará tu solicitud y te informará si calificas para el préstamo.

V: Espera la respuesta del banco: Después de presentar tu solicitud, deberás esperar a que el banco te informe si tu préstamo ha sido aprobado o no. Este proceso puede tomar algunos días o semanas, dependiendo del banco y del tipo de préstamo.

VI: Firma el contrato: Si tu préstamo ha sido aprobado, deberás firmar el contrato del préstamo y acordar los plazos y condiciones del mismo. Asegúrate de leer detenidamente el contrato antes de firmarlo y de entender todas las cláusulas y términos.

VII: Utiliza el préstamo de manera responsable: Una vez que hayas obtenido el préstamo, es importante que lo utilices de manera responsable y que cumplas con los pagos a tiempo para evitar cargos adicionales y dañar tu historial crediticio.

Recuerda que cada banco puede tener sus propios requisitos y procesos para solicitar un préstamo, por lo que es importante que te informes y sigas las instrucciones específicas de cada institución financiera.

Parte IV
Establecer objetivos financieros

16

DEFINICIÓN DE OBJETIVOS FINANCIEROS REALISTAS Y ALCANZABLES

Los objetivos financieros son metas específicas y medibles que estableces para alcanzar una posición financiera deseada. Para que los objetivos financieros sean realistas y alcanzables, deben cumplir con ciertos criterios. A continuación se presentan algunos consejos para definir objetivos financieros realistas y alcanzables:

1. Sé específico: Establece objetivos financieros específicos y medibles. Por ejemplo, en lugar de decir "quiero ahorrar dinero", establece un objetivo con una cantidad específica que deseas ahorrar.

Aquí te presento un formato ejemplo para establecer objetivos financieros específicos y medibles:

Objetivo financiero: Ahorrar para un fondo de emergencia

Cantidad objetivo: $5,000

Plazo: 12 meses

Plan de acción:

- Revisar los gastos y buscar áreas de reducción de gastos
- Ahorrar $417 por mes durante los próximos 12 meses

- Establecer una cuenta separada para el fondo de emergencia y depositar el dinero allí mensualmente
- Revisar regularmente el progreso y hacer ajustes si es necesario

Este es solo un ejemplo, pero puedes adaptar este formato a cualquier objetivo financiero específico que tengas. Recuerda ser lo más detallado posible y asegurarte de que sea medible para que puedas ver si estás alcanzando tu objetivo.

2. Se realista: Es importante que los objetivos sean realistas y alcanzables. No establezcas objetivos financieros que estén fuera de tu alcance o que requieran un esfuerzo sobrehumano para alcanzarlos.
3. Establece plazos: Los objetivos financieros deben tener un plazo de tiempo específico para ser alcanzados. Por ejemplo, si tu objetivo es ahorrar para una vacación, establece una fecha específica para el viaje y establece un plazo para ahorrar el dinero necesario para el viaje.
4. Haz un plan: Una vez que hayas establecido tus objetivos financieros, es importante que hagas un plan para alcanzarlos. El plan debe incluir los pasos necesarios para lograr el objetivo, así como un calendario para completar cada paso.
5. Revisa y ajusta: Revisa regularmente tu progreso y ajusta tu plan si es necesario. Si no estás avanzando según lo planeado, puede ser necesario ajustar tu plan o tus objetivos financieros.

En resumen, para establecer objetivos financieros realistas y alcanzables, debes ser específico, realista, establecer plazos, hacer un plan y revisar y ajustar regularmente tu progreso.

17

PRIORIZACIÓN DE OBJETIVOS FINANCIEROS

Para priorizar tus objetivos financieros, debes evaluar su importancia y establecer un orden de prioridad. Aquí te presento algunos consejos para la priorización de objetivos financieros:

1. Enumera tus objetivos financieros: Haz una lista de todos tus objetivos financieros y enuméralos en orden de importancia.

Aquí te presento un formato ejemplo para establecer objetivos financieros:

Objetivo financiero: [Breve descripción del objetivo financiero]
Ejemplo: Ahorrar para un fondo de emergencia

Cantidad objetivo: [Cantidad en dólares que deseas alcanzar]
Ejemplo: $5,000

Plazo: [Período de tiempo que deseas lograr tu objetivo]
Ejemplo: 12 meses

Plan de acción:

- [Descripción detallada de los pasos específicos que tomarás para lograr tu objetivo, incluyendo el ahorro mensual, la reducción de gastos, la inversión en el mercado, etc.]

- Ejemplo: Ahorrar $417 por mes durante los próximos 12 meses
- Establecer una cuenta separada para el fondo de emergencia y depositar el dinero allí mensualmente
- Revisar regularmente el progreso y hacer ajustes si es necesario

Fecha de cumplimiento: [Fecha en la que esperas alcanzar tu objetivo] Ejemplo: 31 de diciembre de 2023

Monitoreo del progreso: [Cómo medirás y monitorearás tu progreso hacia el logro de tu objetivo] Ejemplo: Revisar mi saldo de la cuenta de ahorros cada mes y hacer ajustes en mi plan de acción según sea necesario

Este es solo un ejemplo de formato para establecer objetivos financieros. Puedes personalizarlo según tus necesidades específicas y objetivos financieros. Es importante ser específico y realista al establecer tus objetivos financieros para asegurarte de que sean alcanzables y medibles.

2. Evalúa su urgencia: Evalúa la urgencia de cada objetivo. Si un objetivo es crítico, como pagar una deuda atrasada o evitar cargos por intereses, entonces debería tener una alta prioridad.
3. Considera los plazos: Si hay un plazo para alcanzar un objetivo financiero, asegúrate de tenerlo en cuenta al establecer su prioridad. Por ejemplo, si deseas ahorrar para un pago inicial de un automóvil, es posible que desees establecer un plazo para lograrlo antes de la fecha límite para obtener una buena oferta.
4. Ajusta según tus circunstancias personales: Ajusta el orden de prioridad según tus circunstancias personales. Por ejemplo, si tienes un ingreso inestable, es posible que

desees priorizar la creación de un fondo de emergencia antes que pagar una deuda con una tasa de interés alta.

5. Haz un plan: Una vez que hayas establecido el orden de prioridad de tus objetivos financieros, haz un plan para lograrlos. El plan debe incluir los pasos necesarios para lograr cada objetivo, así como un calendario para completar cada paso.

En resumen, para priorizar tus objetivos financieros, enumera tus objetivos, evalúa su urgencia, considera los plazos, ajusta según tus circunstancias personales y haz un plan para lograrlos.

18

MANTENIMIENTO DEL ENFOQUE EN LOS OBJETIVOS A LARGO PLAZO

Mantener el enfoque en los objetivos a largo plazo se refiere a la capacidad de mantenerse comprometido y motivado en alcanzarlos objetivos financieros a largo plazo, incluso cuando hay distracciones, tentaciones o dificultades a corto plazo que pueden desviarnos del camino.

Es importante tener una visión clara y concreta de lo que se quiere lograr a largo plazo y enfocarse en los pasos necesarios para lograrlo, sin perder de vista la meta final.

Esto requiere disciplina, paciencia y perseverancia, y puede ser ayudado mediante la creación de un plan financiero detallado que incluya hitos y plazos específicos para medir el progreso hacia los objetivos a largo plazo.

Mantenerse enfocado en los objetivos a largo plazo también puede ser ayudado mediante la revisión regular del plan financiero y la actualización del mismo según sea necesario.

Por favor, tenga en cuenta que este ejemplo es solo una guía y debe ser personalizado según sus propias necesidades y objetivos financieros específicos.

Ejemplo de plan financiero

1. Objetivo financiero: Ahorrar $50,000 para el pago inicial de una casa en 5 años.
2. Hitos:
   - Ahorrar $10,000 en el primer año
   - Ahorrar $20,000 en el segundo año
   - Ahorrar $30,000 en el tercer año
   - Ahorrar $40,000 en el cuarto año
   - Alcanzar la meta de $50,000 en el quinto año
3. Estrategias de ahorro:
   - Reducir gastos no esenciales (como comidas fuera de casa y entretenimiento)
   - Establecer un presupuesto mensual detallado y cumplirlo
   - Aumentar los ingresos trabajando horas extras o buscando trabajos adicionales
   - Ahorrar automáticamente una cantidad fija cada mes
4. Inversiones:
   - Invertir una parte de los ahorros en cuentas de ahorro de alta rentabilidad
   - Considerar la inversión en el mercado de valores a través de fondos indexados
5. Medición de progreso:
   - Revisar los saldos de ahorro y los gastos cada mes para asegurarse de estar en el camino correcto para alcanzar los hitos establecidos
   - Realizar un seguimiento del puntaje crediticio para asegurarse de que se mantenga en un nivel saludable para obtener la mejor tasa de interés posible en el préstamo hipotecario

6. Plazos específicos:
    - Ahorrar $10,000 para fin de año 1
    - Ahorrar $20,000 para fin de año 2
    - Ahorrar $30,000 para fin de año 3
    - Ahorrar $40,000 para fin de año 4
    - Alcanzar la meta de $50,000 para fin de año 5
7. Plan de contingencia:
    - Si se produce una emergencia financiera que afecta la capacidad de ahorrar, ajustar el presupuesto mensual en consecuencia para asegurarse de seguir en el camino correcto para alcanzar los objetivos a largo plazo.

Recuerde que este es solo un ejemplo de plan financiero y debe ser personalizado según sus propias necesidades y objetivos financieros específicos.

Te proporciono un ejemplo de formato para un plan financiero detallado que incluye hitos y plazos específicos para medir el progreso hacia los objetivos a largo plazo. A continuación, te presento un modelo sencillo:

Formato para un plan financiero detallado que incluye hitos y plazos específicos:

1. Objetivo Financiero: [Breve descripción del objetivo financiero]
    - Ejemplo: Ahorrar $20,000 para un pago inicial de una casa en 3 años.
2. Hitos:
    - Ahorrar $5,000 para fin de año 1

- Ahorrar $10,000 para fin de año 2
- Ahorrar $15,000 para fin de año 3
- Alcanzar el objetivo de $20,000 para fin de año 3

3. Estrategias de Ahorro:

- Reducir gastos innecesarios (por ejemplo, salir a comer, entretenimiento)
- Establecer un presupuesto mensual detallado y cumplirlo
- Aumentar los ingresos trabajando horas extras o tomando trabajos adicionales
- Ahorrar automáticamente una cantidad fija cada mes

4. Inversiones:

- Invertir una parte de los ahorros en cuentas de ahorro de alta rentabilidad
- Considerar la inversión en el mercado de valores a través de fondos indexados

5. Medición de Progreso:

- Revisar los saldos de ahorro y los gastos cada mes para asegurarse de estar en el camino correcto para alcanzar los hitos establecidos
- Monitorear el puntaje crediticio para asegurarse de que se mantenga en un nivel saludable para obtener la mejor tasa de interés posible en el préstamo hipotecario

6. Plazos Específicos:

- Ahorrar $5,000 para fin de año 1
- Ahorrar $10,000 para fin de año 2
- Ahorrar $15,000 para fin de año 3
- Alcanzar el objetivo de $20,000 para fin de año 3

7. Plan de Contingencia:

    - Si surge una emergencia financiera que afecte la capacidad de ahorrar, ajustar el presupuesto mensual en consecuencia para asegurarse de seguir en el camino correcto hacia los objetivos a largo plazo.

Es importante que este formato sea personalizado y adaptado a las necesidades y objetivos específicos de cada persona o empresa. Además, es importante recordar que el plan financiero debe ser revisado regularmente y ajustado según sea necesario para garantizar que se están cumpliendo los hitos y plazos establecidos hacia los objetivos a largo plazo.

Nota: Los hitos son metas o logros específicos que se deben alcanzar a lo largo del camino para cumplir con el objetivo financiero a largo plazo.

Son importantes porque ayudan a desglosar el objetivo en partes manejables y a medir el progreso en el camino hacia el logro del objetivo final.

Por ejemplo, si el objetivo financiero a largo plazo es ahorrar para la jubilación, un hito podría ser alcanzar un cierto nivel de ahorro para la edad de 30 años, otro hito podría ser alcanzar otro nivel de ahorro para la edad de 40 años, y así sucesivamente.

Cada hito representa un paso hacia el objetivo final de la jubilación bien financiada.

Parte V
Consejos para la actitud y la motivación

19

CULTIVO DE LA CONFIANZA, LA RESILIENCIA Y LA PERSEVERANCIA

Cultivar la confianza, la resiliencia y la perseverancia son fundamentales para lograr el éxito financiero y personal. La confianza en uno mismo es clave para tomar decisiones importantes y para persistir a pesar de las dificultades. La resiliencia, por otro lado, es la capacidad de adaptarse y superar situaciones difíciles. Y, finalmente, la perseverancia es la actitud de no rendirse ante los obstáculos y de mantener el rumbo hacia los objetivos a largo plazo.

Para cultivar la confianza, es importante reconocer las propias fortalezas y habilidades, así como también identificar las áreas en las que se necesitan mejoras. A través de la educación financiera y la práctica constante, se puede aumentar la confianza en la toma de decisiones financieras.

La resiliencia se puede desarrollar a través de la exposición a situaciones difíciles y la adopción de una mentalidad de aprendizaje y crecimiento. Aprender a manejar el estrés y la presión también es fundamental para desarrollar la resiliencia.

La resiliencia se refiere a la capacidad de una persona para enfrentar y superar situaciones difíciles, ya sean económicas, personales, emocionales o sociales. En otras palabras, es la capacidad de adaptarse y recuperarse de las adversidades. La resiliencia no significa que uno no sienta dolor o estrés ante una situación difícil, sino que se tiene la habilidad de superar y recuperarse de ella, aprendiendo de la experiencia y saliendo fortalecido.

La perseverancia se puede fortalecer a través de la definición clara de los objetivos a largo plazo y la elaboración de un plan de acción con plazos y hitos específicos. Mantener la motivación y el enfoque en los objetivos, incluso cuando se enfrentan obstáculos y reveses, es esencial para cultivar la perseverancia.

En conjunto, la confianza, la resiliencia y la perseverancia pueden ayudar a enfrentar los desafíos económicos y personales con mayor éxito y lograr una vida financiera saludable y próspera.

- **Capítulo 20: Identificación y superación de los miedos y las limitaciones personales**

Identificar y superar los miedos y las limitaciones personales

Identificar y superar los miedos y las limitaciones personales es un proceso que puede requerir tiempo y esfuerzo, pero es esencial para alcanzar el éxito financiero y personal. Aquí hay algunos pasos que puedes seguir para identificar y superar tus miedos y limitaciones personales:

1. Identifica tus miedos y limitaciones: El primer paso para superar tus miedos y limitaciones personales es reconocerlos. Pregúntate qué es lo que te detiene, qué temores tienes, y qué limitaciones sientes que te impiden avanzar.

Para Identificar tus miedos debes responder estas preguntas:

a. ¿Cuál es el origen de mi miedo? ¿Está basado en experiencias previas o es algo que está en mi imaginación?

b. ¿Cuál es lo peor que podría pasar si enfrento mi miedo? ¿Es esta preocupación realista o exagerada?

c. ¿Qué oportunidades estoy perdiendo al no enfrentar mi miedo? ¿Qué podría ganar si supero mi miedo?

d. ¿Qué recursos tengo disponibles para enfrentar mi miedo? ¿Hay alguien en quien pueda confiar para ayudarme?

e. ¿Cómo puedo empezar a tomar medidas para superar mi miedo? ¿Cuál es el primer paso que debo tomar?

f. ¿Cómo puedo mantenerme motivado y perseverante mientras trabajo en superar mi miedo?

Responder estas preguntas te ayudará a identificar las raíces de tu miedo y a crear un plan de acción para superarlo. También te permitirá cambiar tu perspectiva sobre tus temores y verlos como oportunidades para crecer y avanzar en lugar de obstáculos.

2. Comprende tus miedos y limitaciones: Una vez que hayas identificado tus miedos y limitaciones, trata de entenderlos mejor. ¿De dónde vienen? ¿Son realistas o están basados en suposiciones erróneas? ¿Qué efecto están teniendo en tu vida y tus finanzas?
3. Establece metas realistas: Una vez que hayas identificado y comprendido tus miedos y limitaciones, establece metas realistas para superarlos. Pregúntate qué acciones puedes

tomar para enfrentar tus miedos y superar tus limitaciones. Por ejemplo, si tienes miedo de invertir, puedes comenzar invirtiendo pequeñas cantidades de dinero para ganar experiencia y confianza.

Aquí te presento algunas acciones que puedes tomar para enfrentar tus miedos:

a. Enfrenta tu miedo: A menudo, la única manera de superar un miedo es enfrentarlo directamente. Esto puede ser difícil, pero es esencial para superar tus miedos. Si tienes miedo a hablar en público, por ejemplo, busca oportunidades para practicar hablar en público, como en pequeñas reuniones o eventos comunitarios.

b. Investiga tu miedo: Investiga tu miedo para comprenderlo mejor. A menudo, la ignorancia puede hacer que los miedos parezcan más grandes e insuperables. Al investigar tu miedo, puedes obtener una mejor comprensión de su origen y aprender maneras de enfrentarlo.

c. Aprende nuevas habilidades: Si tu miedo está relacionado con la falta de habilidades, busca maneras de desarrollar esas habilidades. Por ejemplo, si tienes miedo de la natación, puedes tomar clases de natación para aprender a nadar y aumentar tu confianza.

d. Busca apoyo: Busca apoyo de amigos, familiares o un profesional capacitado para ayudarte a superar tus miedos. Hablar con alguien que entienda tus temores puede ayudarte a sentirte más seguro y confiado.

e. Práctica la relajación: La ansiedad puede empeorar los miedos, por lo que es importante aprender técnicas de relajación, como la respiración profunda, la meditación o el yoga. Estas técnicas pueden ayudarte a manejar la ansiedad y enfrentar tus miedos con una mente más clara.

f. Visualiza el éxito: Visualiza el éxito y trata de imaginarte superando tu miedo. Esto puede ayudarte a sentirte más seguro y preparado para enfrentar el miedo.

g. Celebra tus logros: Cada pequeño paso que tomes para enfrentar tu miedo es un logro importante. Celebra tus logros y recuérdate a ti mismo que eres lo suficientemente fuerte y capaz de superar tu miedo.

4. Busca apoyo: Superar tus miedos y limitaciones puede ser un proceso difícil, por lo que es importante buscar apoyo. Habla con amigos, familiares o un asesor financiero de confianza sobre tus objetivos y desafíos. Además, puedes unirte a grupos de apoyo en línea o asistir a eventos de capacitación y desarrollo personal para conectarte con otros que están trabajando en sus propios desafíos personales.
5. Toma acción: Una vez que hayas establecido metas y buscado apoyo, es importante tomar medidas para superar tus miedos y limitaciones. Empieza con pequeños pasos y celebra tus logros. Con el tiempo, cada pequeña victoria te ayudará a superar tus miedos y limitaciones y a lograr la independencia financiera y personal que deseas.

21

DESARROLLO DE UNA ACTITUD POSITIVA Y PROACTIVA

Desarrollar una actitud positiva y proactiva puede ser clave para superar retos y lograr objetivos financieros. Aquí te dejamos algunos consejos para desarrollar esta actitud:

1. Aprende a ver las oportunidades en cada situación: En lugar de enfocarte en lo que no puedes hacer, busca siempre alternativas y soluciones para alcanzar tus objetivos.
2. Sé optimista: Aunque las cosas no salgan como esperas, trata siempre de ver el lado positivo y piensa en que puedes aprender algo de cada experiencia.
3. Rodéate de personas positivas: Las personas con actitud positiva pueden influir en tu ánimo y motivarte a seguir adelante. Busca rodearte de personas que te apoyen y te motiven.
4. Celebra tus logros: Reconoce tus logros y celebra cada paso que das hacia tus objetivos. Esto te ayudará a mantener una actitud positiva y a seguir adelante.

   Celebrar los logros es una parte importante del proceso para alcanzar tus objetivos. Aquí te dejamos algunos consejos sobre cómo puedes celebrar tus logros:

a. Reconoce tus logros: Lo primero que debes hacer es reconocer tus logros y darte cuenta de lo que has logrado. No te quites mérito ni minimices tus logros, esfuérzate por valorarlos y reconocer lo que has alcanzado.

b. Celebra tus logros: Celebra tus logros de la manera que prefieras, ya sea con una cena, una fiesta, un viaje, un regalo para ti mismo, o simplemente dedicando tiempo para hacer algo que te gusta.

c. Comparte tus logros: Comparte tus logros con amigos, familiares, colegas y personas cercanas a ti. Pídeles que te feliciten y celebren contigo, y si puedes invitarlos a compartir la celebración, ¡mucho mejor!

d. Reflexiona sobre tu progreso: Reflexiona sobre el camino que has recorrido para lograr tus objetivos. Piensa en los desafíos y obstáculos que has superado y en cómo has aprendido y crecido en el proceso.

e. Haz una pausa: Después de celebrar tus logros, tómate un tiempo para descansar y recargar energías antes de continuar trabajando en tus siguientes metas.

Recuerda que celebrar tus logros es una parte importante del proceso para alcanzar tus objetivos. La celebración te ayuda a mantenerte motivado y enfocado en el camino hacia el éxito, y te da la oportunidad de reconocer y valorar tus logros a lo largo del camino.

5. Toma acción: En lugar de quedarte paralizado por el miedo o la indecisión, toma acción y haz algo para avanzar hacia tus metas. La acción te llevará más cerca de tus objetivos y te ayudará a mantenerte motivado y positivo.

Recuerda que desarrollar una actitud positiva y proactiva es un proceso que requiere práctica y constancia, pero que puede marcar una gran diferencia en tu vida financiera y personal.

22

APRENDIZAJE DE LOS ERRORES Y FRACASOS

- El aprendizaje de los errores y fracasos es una parte importante del proceso de crecimiento personal y financiero. Muchas veces, cuando cometemos errores o fracasamos en algo, tendemos a sentirnos mal y a creer que hemos fallado. Sin embargo, es importante recordar que los errores y los fracasos son oportunidades para aprender y mejorar.

- Una de las claves para aprender de los errores y los fracasos es reflexionar sobre lo que ha sucedido y tratar de entender por qué las cosas no salieron como esperábamos. ¿Hicimos algo mal? ¿Fue un problema de planificación o de ejecución? ¿Había algo que no podíamos prever?

- Una vez que hayamos identificado las causas de los errores o fracasos, podemos comenzar a trabajar en soluciones para evitar que vuelvan a ocurrir en el futuro. Esto puede incluir la implementación de nuevos sistemas, la adopción de mejores prácticas o la realización de capacitación adicional.

- Es importante recordar que el aprendizaje de los errores y los fracasos es un proceso continuo. Debemos estar dispuestos a aceptar que a veces cometeremos errores y fracasaremos, pero también debemos estar comprometidos a aprender de ellos y a mejorar continuamente.

Parte VI

Historias inspiradoras de superación económica

23

HISTORIAS DE PERSONAS QUE SUPERARON SUS CRISIS ECONÓMICAS Y LOGRARON EL ÉXITO

Aquí te dejamos algunas historias inspiradoras de superación económica:

1. Walt Disney: Uno de los creadores de entretenimiento más exitosos de todos los tiempos, Walt Disney enfrentó varios fracasos financieros antes de encontrar el éxito. Fue despedido de un trabajo en un periódico por "falta de imaginación" y su primer estudio de animación fracasó. Pero Walt no se rindió, y finalmente creó un imperio de entretenimiento que incluía parques temáticos, películas, televisión y mucho más.
2. J.K. Rowling: La autora de Harry Potter, J.K. Rowling, luchó con la pobreza extrema antes de convertirse en una de las escritoras más exitosas del mundo. Rowling era madre soltera y dependía de los cheques de bienestar social para sobrevivir mientras escribía su primera novela. Pero su perseverancia y dedicación la llevaron al éxito, y hoy en día es una de las autoras más queridas y exitosas del mundo.
3. Oprah Winfrey: La famosa presentadora de televisión, Oprah Winfrey, superó una infancia difícil y pobre para convertirse en una de las mujeres más poderosas y ricas del

mundo. Fue abusada sexualmente cuando era niña y su infancia estuvo marcada por la pobreza y la inestabilidad familiar. Pero Oprah perseveró y trabajó duro, convirtiéndose en una presentadora de televisión de gran éxito, empresaria y filántropa.

4. Jeff Bezos: El fundador de Amazon, Jeff Bezos, pasó por varios fracasos antes de encontrar el éxito en los negocios. Fundó una compañía de software que fracasó, y su primera empresa de venta de libros en línea tardó varios años en alcanzar el éxito. Pero Bezos perseveró y trabajó duro, y finalmente convirtió a Amazon en una de las empresas más exitosas del mundo.
5. Tony Robbins: El famoso orador motivacional, Tony Robbins, creció en una familia pobre y abusiva. A los 17 años, se fue de casa y comenzó a trabajar como portero. Pero su espíritu emprendedor lo llevó a convertirse en un exitoso empresario, escritor y orador motivacional, ayudando a millones de personas a alcanzar sus objetivos y mejorar sus vidas.
6. Vera Wang: La famosa diseñadora de moda, Vera Wang, comenzó su carrera como patinadora artística, pero decidió seguir una carrera en la moda después de no lograr llegar a los Juegos Olímpicos. Después de trabajar como editora de moda en Vogue, Wang abrió su propia boutique de novias, pero se encontró con dificultades financieras. En lugar de renunciar, se enfocó en mejorar su oferta y expandir su marca, convirtiéndose en una de las diseñadoras de moda más exitosas del mundo.
7. Warren Buffett: Uno de los inversores más exitosos de todos los tiempos, Warren Buffett comenzó su carrera como vendedor de periódicos y recaudador de impuestos. Después de invertir en varias empresas, Buffett se convirtió

en un multimillonario, pero nunca olvidó sus orígenes humildes. Continúa siendo uno de los filántropos más generosos del mundo, comprometido a dar la mayor parte de su fortuna a la caridad.

8. Steve Jobs: El cofundador de Apple, Steve Jobs, fue adoptado y creció en una familia de clase trabajadora. Después de abandonar la universidad, Jobs trabajó como técnico en Atari antes de cofundar Apple en el garaje de su casa. A pesar de varios fracasos y desafíos, Jobs se mantuvo enfocado en su visión y revolucionó la industria de la tecnología.
9. J.K. Simmons: El actor ganador del Oscar, J.K. Simmons, pasó años luchando para hacer una carrera en Hollywood. Trabajó en varios trabajos ocasionales, incluyendo enseñanza de música y actuación en teatro regional antes de encontrar el éxito en el cine y la televisión.
10. Sarah Blakely: La fundadora de Spanx, Sarah Blakely, pasó años trabajando en ventas antes de crear la línea de ropa interior y medias más famosa del mundo. A pesar de la falta de experiencia en la industria de la moda, Blakely perseveró y construyó un imperio empresarial de mil millones de dólares.

Estas son solo algunas de las muchas historias inspiradoras de superación económica. Cada uno de estos individuos superó desafíos y fracasos para encontrar el éxito, demostrando que la perseverancia, la determinación y el trabajo duro pueden llevar a grandes logros y superar dificultades económicas.

24

LECCIONES Y CONSEJOS INSPIRADORES DE PERSONAS EXITOSAS

Hay muchas personas exitosas que han dejado lecciones y consejos inspiradores que pueden ayudarnos en nuestra propia búsqueda del éxito financiero. Aquí hay algunos ejemplos:

1. Warren Buffett: "Si no puedes controlar tus emociones, no puedes controlar tu dinero". Es importante mantener la calma y no dejarse llevar por el miedo o la avaricia cuando se trata de tomar decisiones financieras.
2. Tony Robbins: "El éxito en la vida es la suma de decisiones correctas e incorrectas tomadas en el camino". A veces fallamos, pero es importante aprender de nuestros errores y seguir adelante.
3. Oprah Winfrey: "Haz lo que te gusta y el dinero seguirá". Si seguimos nuestras pasiones y trabajamos duro, el éxito financiero puede seguir.
4. Elon Musk: "Si algo es lo suficientemente importante, incluso si las probabilidades están en tu contra, aún debes hacerlo". A veces, tomar riesgos es necesario para lograr el éxito financiero.
5. Richard Branson: "Siempre he creído que si te diviertes, el éxito vendrá". Si disfrutamos lo que hacemos y estamos

motivados, es más probable que alcancemos nuestros objetivos financieros.

6. Steve Jobs: "La innovación distingue a los líderes de los seguidores". Si queremos tener éxito financiero, es importante pensar fuera de la caja y encontrar nuevas formas de abordar los problemas.

25

ENTREVISTAS CON PERSONAS QUE HAN SUPERADO GRANDES DESAFIOS ECONÓMICOS

Entrevista a John Paul Dejoria. (Co-Fundador de Patron Tequila)

John Paul DeJoria, el fundador de Paul Mitchell y cofundador de Patron Tequila, creció en la pobreza y se enfrentó a muchos desafíos en su vida. En una entrevista con Forbes, DeJoria habló sobre cómo superó la pobreza y logró convertirse en un empresario exitoso.

Según DeJoria, la clave de su éxito fue su mentalidad y su actitud positiva. A pesar de los desafíos que enfrentó, DeJoria nunca perdió la esperanza ni la fe en sí mismo. También habló sobre la importancia de tener una visión clara y un propósito en la vida, y de trabajar duro y perseverar para alcanzar los objetivos.

Además, DeJoria destacó la importancia de dar y ayudar a los demás. A lo largo de su carrera, ha apoyado una serie de causas benéficas y ha utilizado su éxito para ayudar a otros a alcanzar sus metas.

En resumen, John Paul DeJoria superó la pobreza y alcanzó el éxito gracias a su mentalidad positiva, su visión clara y su propósito en la vida, su trabajo duro y perseverancia, y su compromiso de dar y ayudar a los demás.

Entrevista a Suze Orman (Experta en Finanzas)

En una entrevista con The New York Times, Suze Orman habló sobre su propia experiencia de superar la pobreza y la deuda, y cómo se convirtió en una experta en finanzas. Orman destacó la importancia de ser consciente de tus finanzas y tomar decisiones informadas sobre el dinero.

Orman habló sobre cómo llegó a la conclusión de que las decisiones financieras se basan en emociones y cómo es importante comprender cómo nuestras emociones influyen en nuestras decisiones financieras. También habló sobre la importancia de tener un presupuesto y cómo seguir un presupuesto puede ayudarnos a tomar decisiones financieras informadas.

Además, Orman destacó la importancia de tener un plan para el futuro y de hacer inversiones informadas y bien pensadas. También habló sobre la importancia de ser realista acerca de nuestras finanzas y no gastar más de lo que podemos permitirnos.

En resumen, Suze Orman habló sobre la importancia de ser consciente de nuestras finanzas, de tomar decisiones informadas y bien pensadas sobre el dinero, y de tener un plan para el futuro. También destacó la importancia de ser realista acerca de nuestras finanzas y de evitar gastar más de lo que podemos permitirnos.

Entrevista con Daymond John (Fundador de FUBU)

En una entrevista con la revista Inc., Daymond John, el fundador de FUBU y personalidad en el programa de televisión Shark Tank, habló sobre cómo superó los desafíos financieros y los obstáculos en el camino hacia el éxito.

John habló sobre su infancia y cómo su madre lo crió como madre soltera. Él tuvo que trabajar duro para ayudar a mantener a su familia, y su experiencia lo motivó a seguir trabajando duro para alcanzar el éxito.

John también habló sobre la importancia de tener una mentalidad emprendedora y de ser creativo en la búsqueda de soluciones a los problemas. También destacó la importancia de la perseverancia y de seguir adelante a pesar de los obstáculos.

Además, John habló sobre la importancia de la educación y de estar dispuesto a aprender y a crecer. También habló sobre cómo rodearse de personas positivas y constructivas puede ayudar a superar los desafíos y alcanzar el éxito.

En resumen, Daymond John habló sobre cómo su experiencia lo motivó a trabajar duro para alcanzar el éxito, la importancia de tener una mentalidad emprendedora y creativa, la perseverancia y la importancia de la educación y rodearse de personas positivas.

Entrevista con Dave Ramsey (Personalidad Financiera)

En una entrevista con Money Crashers, Dave Ramsey, autor y personalidad financiera, habló sobre su propia experiencia de superar la deuda y cómo ha ayudado a otros a hacer lo mismo.

Ramsey habló sobre cómo llegó a la conclusión de que estaba viviendo por encima de sus posibilidades y cómo esto lo llevó a la deuda. Él habló sobre la importancia de ser honesto consigo mismo acerca de sus finanzas y de tomar medidas para reducir la deuda y crear un presupuesto.

Ramsey también destacó la importancia de la educación financiera y cómo ha ayudado a millones de personas a través de sus libros, cursos y programas de radio y televisión. Él habló sobre la importancia de ser disciplinado y de mantenerse enfocado en sus objetivos financieros.

Además, Ramsey habló sobre la importancia de estar preparado para emergencias financieras y de tener un plan para el futuro. También habló sobre la importancia de ser generoso y dar a los demás.

En resumen, Dave Ramsey habló sobre la importancia de ser honesto consigo mismo acerca de las finanzas, la educación financiera, la disciplina y la preparación para emergencias financieras y el futuro, y la importancia de la generosidad.

Estas son algunas historias de persona exitosas que han superado lo peor y con la frente en alto continuaron hasta alcanzar sus sueños.

Existen millones de personas con estas mismas características y algunas de ellas ni siquiera saben que tienen este mismo poder, el PODER de lograr lo imposible.

26

MENSAJES POSITIVOS QUE AYUDAN A LOGRAR EL ÉXITO FINANCIERO

Mensajes motivadores y alentadores

Aquí te comparto algunos mensajes motivadores y alentadores que pueden ayudarte a mantenerte enfocado y motivado en el camino hacia tus objetivos:

"El éxito no es la clave de la felicidad. La felicidad es la clave del éxito. Si amas lo que estás haciendo, tendrás éxito." - *Albert Schweitzer*

"No te rindas, cada fracaso es una oportunidad para comenzar de nuevo con más experiencia." - *Henry Ford*

"El éxito no es definitivo, el fracaso no es fatal: lo que cuenta es el coraje para continuar." - *Winston Churchill*

"La mejor forma de predecir tu futuro es creándolo." - *Abraham Lincoln*

"No esperes oportunidades, créalas tú mismo." - *Chris Grosser*

"El éxito no es la clave para la felicidad. La felicidad es la clave para el éxito. Si amas lo que haces, tendrás éxito." - *Herman Cain*

"El éxito es la suma de pequeños esfuerzos repetidos día tras día." - *Robert Collier*

"La única forma de hacer un gran trabajo es amar lo que haces." - *Steve Jobs*

"El fracaso es simplemente la oportunidad de comenzar de nuevo, esta vez con más inteligencia." - *Henry Ford*

"No te rindas, todo lo que merece la pena lleva tiempo y esfuerzo." - *Anónimo*

"El éxito no es la clave de la felicidad. La felicidad es la clave del éxito. Si amas lo que estás haciendo, tendrás éxito." - *Albert Schweitzer*

"No te rindas, cada fracaso es una oportunidad para comenzar de nuevo con más experiencia." - *Henry Ford*

El éxito no es definitivo, el fracaso no es fatal: lo que cuenta es el coraje para continuar." - *Winston Churchill*

"La mejor forma de predecir tu futuro es creándolo." - *Abraham Lincoln*

"No esperes oportunidades, créalas tú mismo." - *Chris Grosser*

"El éxito no es la clave para la felicidad. La felicidad es la clave para el éxito. Si amas lo que haces, tendrás éxito." - *Herman Cain*

"El éxito es la suma de pequeños esfuerzos repetidos día tras día." - *Robert Collier*

"La única forma de hacer un gran trabajo es amar lo que haces." - *Steve Jobs*

"El fracaso es simplemente la oportunidad de comenzar de nuevo, esta vez con más inteligencia." - *Henry Ford*

20. "No te rindas, todo lo que merece la pena lleva tiempo y esfuerzo." - *Anónimo*

Recuerda que cada uno de estos mensajes motivadores y alentadores pueden ayudarte a mantenerte enfocado y motivado en el camino hacia tus objetivos. Encuentra el que más te inspire y recuerda que cada pequeño paso que des te acerca a la realización de tus metas.

Puedes hacer este ejercicio: Escoge un maximo de 3 de estas frases motivadoras y hazlas tuyas, debes creer en las frases que escojas y ponerlas en práctica.

Las mias son estas:

"El fracaso es simplemente la oportunidad de comenzar de nuevo, esta vez con más inteligencia." - *Henry Ford*

"El éxito no es la clave para la felicidad. La felicidad es la clave para el éxito. Si amas lo que haces, tendrás éxito." - *Herman Cain*

"La mejor forma de predecir tu futuro es creándolo." - *Abraham Lincoln*

Estas 3 Frases me han ayudado a lo que estoy logrando todos los días de mi vida.

27

ANÉCDOTAS Y EJEMPLOS PERSONALES.

Una vez una joven llamada Ana, quien había estudiado en la universidad y había acumulado una gran deuda estudiantil. Al graduarse, Ana se encontró luchando para hacer frente a sus pagos mensuales de préstamos estudiantiles, y se sintió atrapada en una espiral de deuda y estrés financiero.

A pesar de las dificultades, Ana decidió que no iba a dejar que la deuda la controlara. En lugar de eso, decidió tomar medidas para pagar su deuda lo más rápido posible.

Comenzó por establecer un presupuesto estricto y reducir sus gastos tanto como fuera posible. Ana también decidió buscar trabajos adicionales para aumentar sus ingresos, trabajando los fines de semana y por las noches después de su trabajo de tiempo completo.

Ana se propuso un objetivo claro: pagar toda su deuda estudiantil en cinco años. Trabajó duro, ahorró todo lo que pudo y dedicó todos los ingresos adicionales a sus préstamos estudiantiles.

A pesar de los desafíos y los momentos difíciles, Ana nunca perdió la fe en sí misma y su capacidad de pagar su deuda. Se mantuvo enfocada en su objetivo y nunca se rindió.

Después de cinco años de trabajo duro y sacrificios financieros, Ana logró pagar completamente su deuda estudiantil. Se sintió increíblemente orgullosa de su logro, sabiendo que había superado uno de los mayores desafíos financieros de su vida.

Ahora, Ana vive libre de deudas y tiene la libertad financiera para perseguir sus sueños y metas. Su historia inspira a muchos otros que también luchan con la deuda estudiantil, y demuestra que, con esfuerzo y trabajo duro, es posible superar cualquier desafío financiero.

Esta es la Historia de un hombre llamado Carlos, que había trabajado en la misma empresa durante más de una década. Aunque Carlos estaba agradecido por su trabajo y disfrutaba de lo que hacía, siempre había tenido la sensación de que su verdadera pasión estaba en otro lugar: el emprendimiento.

Durante años, Carlos había tenido ideas de negocio, pero siempre había dudado de su capacidad para llevarlas a cabo. Finalmente, después de años de trabajar en su idea, decidió dar el salto y comenzar su propio negocio.

Carlos sabía que el camino hacia el emprendimiento no sería fácil. Dejar su trabajo estable y seguro y comenzar su propio negocio requeriría mucho trabajo, tiempo y sacrificios financieros. Pero también sabía que si no lo intentaba, siempre se preguntaría "¿qué hubiera pasado si?"

Después de meses de investigación y planificación cuidadosa, Carlos finalmente lanzó su negocio: una tienda en línea de productos artesanales hechos a mano. Carlos trabajó incansablemente, dedicando largas horas a su negocio mientras aún trabajaba a tiempo completo.

Al principio, Carlos se encontró con muchos desafíos, como la construcción de su sitio web, el manejo de la logística y la búsqueda de clientes. Pero poco a poco, a medida que su negocio crecía, Carlos comenzó a ganar impulso. Comenzó a recibir pedidos de todo el mundo y a hacer una ganancia significativa.

A medida que su negocio se expandía, Carlos se dio cuenta de que había encontrado su verdadera pasión. Se sentía más motivado y comprometido que nunca antes en su vida, y se sintió increíblemente agradecido por la oportunidad de perseguir su sueño.

Hoy, Carlos sigue dirigiendo su negocio con éxito. A través del trabajo duro y la perseverancia, ha logrado hacer realidad su sueño de ser un emprendedor exitoso. Su historia inspira a muchos otros a seguir sus sueños y perseguir su verdadera pasión en la vida.

Esta es Sofía, una mujer que había pasado la mayor parte de su vida luchando con ingresos bajos y dificultades financieras. Sofía trabajaba arduamente en trabajos de tiempo completo, pero a pesar de sus esfuerzos, siempre parecía tener dificultades para llegar a fin de mes.

A pesar de las dificultades financieras, Sofía nunca perdió la fe en sí misma y su capacidad de cambiar su situación financiera. Ella siempre había soñado con alcanzar la independencia financiera, y estaba decidida a hacer lo necesario para alcanzar su objetivo.

Sofía comenzó por establecer un presupuesto riguroso, en el cual examinaba cada gasto y buscaba maneras de reducir sus gastos al mínimo. Ella empezó a hacer sacrificios financieros, como evitar comer fuera y usar transporte público en lugar de su propio automóvil.

Pero Sofía no se detuvo ahí. Ella también buscó maneras de aumentar sus ingresos, tomando trabajos adicionales en su tiempo libre y buscando oportunidades de emprendimiento en línea. Con el tiempo, Sofía comenzó a ganar más dinero y a ahorrar diligentemente.

Después de años de trabajo duro, Sofía finalmente alcanzó su objetivo de independencia financiera. Ahora, ella vive una vida sin preocupaciones financieras y tiene la libertad de viajar, explorar sus pasatiempos y pasar tiempo con su familia y amigos.

Sofía sabe que su éxito financiero no fue fácil de alcanzar, pero también sabe que el trabajo duro y la perseverancia valen la pena. Su historia inspira a muchas personas que se encuentran en situaciones similares, demostrando que la independencia financiera es posible para aquellos que están dispuestos a trabajar arduamente y a hacer sacrificios.

La idea principal de estas historias es que tu puedas seguir la misma historia que ellos conviertete tu Tambien en un Carlos, Ana, Sofia, tu puedes seguir sus pasos a través de este libro y todos sus ejercicios, abre tu mente financiera y lucha por ello.

28

PENSAMIENTOS QUE DEBES ALEJAR DE TU MENTE.

Pensamientos que no debes tener en tu vida.

Pensamientos negativos que pueden surgir al enfrentar retos económicos, junto con algunos consejos para enfrentarlos:

1. "No tengo suficiente dinero para hacer frente a mis deudas". En lugar de enfocarte en la falta de dinero, trata de buscar soluciones creativas para enfrentar tus deudas, como la negociación de pagos o la búsqueda de oportunidades de ingresos adicionales.
2. "No tengo las habilidades necesarias para tener éxito en mi negocio". En lugar de enfocarte en tus debilidades, busca maneras de desarrollar tus habilidades a través de cursos, capacitación o mentoría empresarial.
3. "Todo está en contra de mí, no puedo lograr mis metas". En lugar de enfocarte en las dificultades, busca soluciones y oportunidades para avanzar hacia tus metas, como la búsqueda de nuevas formas de financiamiento o la adaptación de tu estrategia de negocio.
4. "No soy lo suficientemente bueno para tener éxito". En lugar de enfocarte en la autoduda, recuerda tus fortalezas y logros pasados. Busca el apoyo de amigos y familiares para recordarte tus habilidades y capacidades.

5. "Siempre he sido malo con el dinero, nunca podré cambiar mis hábitos financieros". En lugar de enfocarte en el pasado, busca soluciones para mejorar tus hábitos financieros, como la creación de un presupuesto o la búsqueda de asesoría financiera.
6. No puedo permitirme invertir en mi futuro". En lugar de enfocarte en la falta de recursos financieros, busca soluciones creativas para invertir en tu futuro, como la búsqueda de oportunidades de becas, la reducción de gastos innecesarios o la búsqueda de financiamiento.
7. "Siempre he sido malo con el dinero, nunca podré ser financieramente independiente". En lugar de enfocarte en el pasado, busca soluciones para mejorar tus habilidades financieras, como la búsqueda de asesoría financiera o la lectura de libros sobre finanzas personales.
8. "Nunca podré salir de deudas". En lugar de enfocarte en la magnitud de tus deudas, busca soluciones prácticas para pagarlas, como la consolidación de deudas o la negociación de pagos.
9. "No tengo las conexiones necesarias para tener éxito en los negocios". En lugar de enfocarte en la falta de conexiones, busca oportunidades para expandir tu red profesional, como la asistencia a eventos de networking o la búsqueda de mentores empresariales.
10. "Nunca podré alcanzar mis metas financieras, son demasiado grandes". En lugar de enfocarte en la magnitud de tus metas, divídelas en objetivos más pequeños y alcanzables. Celebra cada logro y utiliza tu progreso como motivación para seguir avanzando.

Aquí te presento algunas alternativas de negocios sencillos para emprendedores que pueden poner en práctica:

1. Servicios de limpieza: Un negocio de servicios de limpieza puede ser una excelente opción para los emprendedores. Este tipo de negocio puede ser muy rentable y solo requiere de un equipo básico de limpieza.
2. Venta de productos por internet: La venta de productos por internet es una alternativa rentable y accesible para los emprendedores. Puedes vender productos en línea a través de una tienda virtual en sitios como Shopify, Etsy, Amazon o eBay.
3. Servicios de cuidado de mascotas: Los servicios de cuidado de mascotas son una excelente opción para los amantes de los animales. Puedes ofrecer servicios como paseo de perros, cuidado de mascotas en casa o servicios de entrenamiento de mascotas.
4. Servicios de catering: Si te apasiona la cocina, puedes ofrecer servicios de catering para eventos y fiestas. Puedes especializarte en un tipo de cocina específica o ofrecer una variedad de opciones.
5. Consultoría en marketing digital: Si tienes experiencia en marketing digital, puedes ofrecer servicios de consultoría para ayudar a las empresas a mejorar su presencia en línea. Puedes ayudar a las empresas a diseñar estrategias de marketing digital, manejar sus redes sociales y mejorar su posicionamiento en los motores de búsqueda.
6. Servicios de jardinería: Si te gusta trabajar al aire libre, los servicios de jardinería pueden ser una excelente opción para ti. Puedes ofrecer servicios como mantenimiento de jardines, diseño paisajístico, instalación de sistemas de riego, entre otros.
7. Tienda de productos artesanales: Si eres un artesano o artista, puedes abrir una tienda de productos artesanales para vender tus creaciones. Puedes especializarte en un

tipo de producto específico, como joyería, cerámica o textiles.

8. Servicios de diseño gráfico: Si tienes habilidades en diseño gráfico, puedes ofrecer servicios de diseño para empresas y particulares. Puedes diseñar logotipos, folletos, carteles, entre otros.
9. Servicios de entrenamiento personal: Si eres apasionado por el fitness, puedes ofrecer servicios de entrenamiento personalizado. Puedes entrenar a tus clientes en un gimnasio, en su hogar o en un espacio al aire libre.
10. Servicios de asistencia virtual: Los servicios de asistencia virtual son una excelente opción para aquellos que buscan trabajar desde casa. Puedes ofrecer servicios como administración de redes sociales, soporte técnico, gestión de correo electrónico, entre otros.

Consejos crediticios que pueden ayudarte a mejorar tu crédito:

1. Conoce tu puntaje de crédito: Es importante conocer tu puntaje de crédito para poder tomar medidas para mejorarlo. Puedes obtener una copia gratuita de tu informe de crédito anualmente en los sitios web de las agencias de crédito como Equifax, Experian o TransUnion.
2. Paga tus facturas a tiempo: Un historial de pagos atrasados puede afectar negativamente tu puntaje de crédito. Asegúrate de pagar tus facturas a tiempo para evitar retrasos y cargos adicionales.
3. Mantén bajo tu saldo de tarjetas de crédito: Mantén tu saldo de tarjetas de crédito bajo para mejorar tu puntaje de crédito. Idealmente, debes mantener tu saldo de tarjetas de crédito en menos del 30% de tu límite de crédito.
4. No cierres tarjetas de crédito: Cerrar tarjetas de crédito puede afectar negativamente tu puntaje de crédito al

reducir tu límite total de crédito. En lugar de cerrarlas, intenta mantenerlas abiertas y activas para mejorar tu historial crediticio.

5. Usa tus tarjetas de crédito de manera responsable: Utiliza tus tarjetas de crédito de manera responsable para mejorar tu historial crediticio. Evita gastar más de lo que puedes pagar y asegúrate de pagar tus facturas a tiempo.
6. Limita la cantidad de tarjetas de crédito: Tener demasiadas tarjetas de crédito puede ser difícil de manejar y puede llevar a gastos excesivos. Limita la cantidad de tarjetas de crédito que tienes a solo las que necesitas.
7. Monitorea regularmente tu puntaje de crédito: Monitorea regularmente tu puntaje de crédito para asegurarte de que estás tomando medidas para mejorarlo. Utiliza herramientas en línea como Credit Karma o Experian para monitorear tu puntaje de crédito de manera gratuita.

Conoce tu puntaje de crédito

Para conocer tu puntaje de crédito, puedes seguir estos pasos:

- Solicita tu informe de crédito gratuito: Puedes obtener una copia gratuita de tu informe de crédito anualmente en los sitios web de las agencias de crédito como Equifax, Experian o TransUnion. Para obtener tu informe de crédito, deberás proporcionar tu información personal, como tu nombre, dirección y número de Seguridad Social. (Solo para USA)

- Revisa tu informe de crédito: Una vez que obtengas tu informe de crédito, revisa cuidadosamente cada sección para asegurarte de que toda la información sea precisa y actualizada. Si encuentras algún error, comunícate con la agencia de crédito correspondiente para informarles del error y solicitar una corrección.

- Calcula tu puntaje de crédito: Utiliza herramientas en línea como Credit Karma o Experian para calcular tu puntaje de crédito de manera gratuita. Estas herramientas te permiten ingresar la información de tu informe de crédito y te proporcionarán un puntaje de crédito aproximado.

Aquí te dejo algunos consejos finales en base al libro:

1. Establece metas financieras claras y específicas y trabaja en ellas de manera constante.
2. Prioriza tus deudas y trabaja en un plan para pagarlas.
3. Aprende a administrar tu dinero de manera efectiva y evita gastos innecesarios.
4. Mantén un buen puntaje de crédito y monitorea regularmente tu informe crediticio.
5. Identifica tus habilidades y fortalezas personales y busca oportunidades laborales o de negocio que se ajusten a ellas.
6. Desarrolla una actitud positiva y proactiva ante las adversidades y aprende de tus errores y fracasos.
7. Ahorra para emergencias y planifica para el futuro, invirtiendo en opciones que se ajusten a tus objetivos financieros.
8. Busca inspiración y consejos de personas exitosas y aprende de su experiencia.
9. Mantén un enfoque constante en tus objetivos a largo plazo y celebra tus logros a lo largo del camino.
10. Recuerda que la resiliencia y la perseverancia son clave para superar las dificultades financieras y alcanzar el éxito.

Palabras del escritor:

Este libro implica que la definición de éxito financiero no debe limitarse a la acumulación de riqueza y la posesión de bienes materiales. En lugar de ello, se sugiere que el éxito financiero debe ser visto como el resultado de un esfuerzo continuo y persistente por parte de una persona, independientemente de sus limitaciones o defectos.

Este enfoque más amplio sugiere que cualquier persona puede lograr la estabilidad financiera a través de la dedicación, el trabajo duro y la perseverancia, y que el éxito no está limitado a aquellos que tienen ventajas económicas o sociales.

En resumen, el éxito financiero no depende solo de la cantidad de dinero que uno tenga, sino de su capacidad para administrar eficazmente sus recursos y trabajar hacia metas financieras realistas y alcanzables.

Una carrera o un libro exitoso no se trata solo de tener todo el dinero y la fama, sino más bien se trata de la perseverancia, la resiliencia y la capacidad de superar los obstáculos a pesar de las adversidades.

Es importante recordar que incluso las personas exitosas tienen defectos y luchas personales, pero lo que los diferencia es su habilidad para enfrentar y superar esos desafíos.

Al final, se trata de creer en uno mismo y tener la disciplina y la determinación para seguir adelante hacia nuestros objetivos, incluso cuando el camino parece difícil.

"Supera tus miedos, toma control de tus finanzas y alcanza el éxito financiero".

Made in the USA
Monee, IL
05 November 2026

67378293R00074